太陽と呼ばれた男

——石原裕次郎と男たちの帆走

向谷匡史

青志社

太陽と呼ばれた男

――石原裕次郎と男たちの帆走

目次

第一章　野心と躍進

第二章　「銭ゲバ!?　けっこうだ」

第三章 人生の光芒

装幀　塚田男女雄（ツカダデザイン）

第一章

野心と躍進

『西部警察』前夜

東京、世田谷区成城一丁目の裕次郎邸の庭のしげみに、一匹のドロガメが棲みついている。裕次郎とまき子夫人が新婚の頃、裕次郎のファンが庭に投げ込んだようだ。子ガメは、黄色みが強く、その色と丸い形をお金に見たて「ゼニガメ」と呼ばれる種類のカメで、祭りの夜店などでよく売られていた。ピンポン玉のように小さかったカメが、二人が歳を重ねていくにつれ、いつしか裕次郎の手の平くらいに成長して、すっかり庭の主になった。

カメは冬には庭のどこかで冬眠して、毎年ツツジの花が咲く頃になると出て来て、花をパクパクと食べてソロリソロリ散歩を始める。裕次郎にとてもなついて、頭を撫でてあげると目を閉じて気持ちよさそうにジーッとしている。そのさまが、裕次郎にとって、とても愛しく見えて「カメは縁起がいいんだ!」と楽しそうに眺めたりしていた。

「カメは縁起がいい」やがて舞い込む朗報をみると、そのとおりなのかもしれない――。

昭和五十三年九月十日、テレビ朝日の連続ドラマ『浮浪雲《はぐれぐも》』の最終回が放送された。テレビ朝日において石原プロが初めて製作した渡哲也主演のドラマで、ジョージ秋山の名作コミック『浮浪雲』を倉本聰の脚本によってテレビ化したものだった。

放送終了後に成城一丁目の石原邸のリビングルームで行われた石原プロ役員会はこの話で持ちきりだった。役員会はお酒が少し入ることもあった。この夜もそうだ。

主演した渡哲也と、石原プロモーション専務の「コマサ」こと小林正彦は、裕次郎をはさむようにして座った。

ほかにも数名の役員が座った。

「テツ、飄々《ひょうひょう》として、よかったよ」

裕次郎がソファに背をあずけながら、渡に笑みを向けた。ポロシャツのボタンを胸元まで外し、腕まくりした手元のグラスでビールが小さく揺れている。

「ありがとうございます」

口数少なく応じて渡が軽く頭を下げる。この頃の渡は、酒が弱く、顔はすでに朱が差しているが、凛とした佇《たたず》まいは空手二段という武道家であることよりも、長幼の序を重んじる性格によるものなのだろう。裕次郎と出会って十五年。渡が狎《な》れた態度を見せたことは、これまで一度としてなかった。

対象的なのはコマサだ。

「社長、テツを誉めちゃだめですよ。刑事《デカ》やるのはもうイヤだと言い出したらどうするんですか」

ねじり鉢巻きが似合いそうなこの男は饒舌にまくし立て、口に運んだウィスキーグラスのなかで氷がぶつかり合って大きな音を立てる。下戸《げこ》のコマサはウーロン茶をオンザロックで飲《や》っているが、せっかちな性格そのままにピッチも早く、〝手酌〟で注いでは口に運んでいた。

『浮浪雲』の収録終了と同時に、十月三日の放送開始に向けて『大都会PARTⅢ』がクランクインし、いま撮影が進んでいる。『大都会』は、架空の城西署を舞台に刑事・黒岩頼介（渡哲也）率いる「黒岩軍団」の活躍を描くアクションドラマで、日本テレビの看板番組だった。製作は石原プロ。裕次郎と渡の二枚看板を中心に、寺尾聰《あきら》、神田正輝や松田優作といった若手人気俳優たちがPARTⅡまでのシリーズを盛り上げ大ヒットさせた。『PARTⅢ』はより娯楽性を前面に押し出し、銃撃戦やカースタントなどのアクションシーンをふんだんに取り入れた内容になっていた。

これに対して『浮浪雲』は、幕末時代を舞台に、ささやかな庶民の家族や人間模様をコミカルかつシリアスに描いたもので、渡は問屋を営む主人公・雲《くも》を演じた。角刈りにレイバンのサングラスをかけた『大都会』の「黒岩刑事」とは真逆の飄々としたキャラクターは、俳優・渡哲也の新しい魅力を引き出して好評だった。それだけに冗談めかして言ったコマサの言葉は冗談でもなかった。

俳優はいろんな役に挑戦し、俳優としての可能性を追い求める。明けても暮れても銃器を振りまわす刑事役の渡に迷いがないといったら嘘になるだろう。裕次郎に心酔する渡は、石原プロ再建のために「俳優としての自分」を封印していることを、コマサはわかっていた。

『浮浪雲』終了後、石原プロ石野憲助常務を通して、テレビ朝日の制作幹部からあるオファーがあった。コマサはテレビ朝日のオファーにある種の違和感をおぼえていた。渡哲也という俳優を見込んでのキャスティングであることは当然としても、『PARTⅡ』の終了を待っていたかのような唐突な依頼である。

ここに引っかかった。

〈ひょっとして、ウチと手を結びたいというシグナルではないか?〉

コマサの嗅覚であった。石野からの報告は新たな番組企画であった。

テレビ朝日は昨年──昭和五十二年四月一日、朝日新聞と資本・経営面で結びつきが強化され、全国朝日放送株式会社と社名変更した。テレビ局としては弱体だが、朝日新聞出身の三浦甲子二《きねじ》というキレ者と評判の専務がいる。必ず何か仕掛けてくるだろう。日本テレビで『ＰＡＲＴⅢ』をやるにしても、石原プロがテレビ朝日で連ドラを製作すれば、日本テレビとの交渉のときにプレッシャーをかけることができる。コマサには、そんな思惑が働いた。

「ところで、社長」

コマサがウーロン茶のオンザロックをテーブルに置くと、身を乗り出すようにして、

「テレ朝から、テレビ番組の製作依頼がきています」

「おいおい、なんで難しい顔をしてるんだ。結構な話じゃないか。で、モノは何だ」

「『ＰＡＲＴⅣ』というべきものです」

「『ＰＡＲＴⅣ』？」

裕次郎がオウム返しに訊いた。

「日テレの『ＰＡＲＴⅢ』が終わったら、次はテレ朝で『ＰＡＲＴⅣ』というべきものを製作して欲しいというオファーです」

「『大都会』のか？　お前、ウーロン茶で酔ったのか」

裕次郎が鼻で笑った。

「向こうは本気です」

「ありえないだろう」

「有利な条件を勝ち取れます。石原プロを再建する千載一遇のチャンスです」

「お前、どうかしてんじゃねぇのか」

「やりましょう。やらせてください」

頭を下げた。

一瞬の沈黙のあと、裕次郎が険しい顔を見せて言った。

「コマサ、お前、正気か」

渡は黙ったまま二人の話を聞いていた。


裕次郎が言わんとしていることは、コマサにもよくわかっていた。テレビ朝日の話を切り出せば反対することも承知している。『大都会』は石原プロにとって初のドラマ製作で、出演者を含め完全パッケージで日本テレビに納めている。安定した収入源であり、巨額の負債を背負った石原プロは『大都会』によって次第に経営が安定していっていると言ってもよい。〈日本テレビへの義理〉裕次郎のこだわりは、そこにあった。

「上子《かみこ》専務や井原局長に義理立てする気持ちはわかります」

コマサが口を開いた。

「日テレには世話になっています。私も感謝しています。しかし、日テレも『大都会』で高視聴率を上げて営業的にも大きなプラスになっています。口幅ったいようですが、ビジネスは恩や義理も大切ですが、石原プロの台所事情を考えると、ここはギブ・アンド・テイクでじゃないでしょうか」

「ドライだな」

「ビジネスです」

「『浮浪雲』でも世話になった」

「世話をする理由が日テレにもあったからです」

コマサは引かなかった。

実は、テレビ朝日で放送した『浮浪雲』は日本テレビのスタッフを借りた。『浮浪雲』は突然やってきた企画であったため、石原プロではスタッフの陣容が整わず、日本テレビに助けを求めたのである。

他局でオンエアする連続ドラマの手伝いをするなど、異例中の異例だったが、『大都会PARTⅢ』を企画していた日本テレビは、石原プロに協力しないわけにはいかなかった。しかも『大都会』だけでなく、裕次郎が同局の『太陽にほえろ！』に主演しており、これも高視聴率をキープしている。日本テレビと石原プロはパートナーとしてテレビ界を席巻していたのだ。

「お気持ちはよくわかります」

コマサが言葉を選んで続ける。

「何より義理を重んじるのが、社長の性格であることは私がいちばんよく知っています。男としてそうあるべきだと思います。しかし、石原プロの経営トップとしてはどうでしょうか」

意識して静かに開いたはずの口は、次第に熱を帯びていく。

「石原プロは、いまようやく危機から脱しつつあります。しかし、まだまだ多額の借金が残っています。これ以上、社員に迷惑をかけたくない。泣かせたくない。家族を連れて、うまいメシの一つも食いにいけるようにしてやりたい。温泉にも行かせてやりたい。そして、社長に映画を撮っていただきたい。そのためには稼ぐしかないじゃないですか。いまなら製作費も高く取れます。いろんな条件も向こうは吞むでしょう」

「そんなことはわかっている。だからといって、義理を欠いていいということにはならない。これは、俺の生き方の問題だ」

「じゃ、社長、言わせてもらいますが、視聴率が落ちても日テレが石原プロを養ってくれるんですか？　映画を撮らせてくれるんですか？　義理だ筋だというのは男同士の話であって、組織対組織は非情なもんでしょう。組織は社員を養っていく義務がある。義理だの筋だのにこだわってばかりいたんじゃ、組織は立ちゆかない。日テレもウチも、そのことは同じじゃないんですか？」

裕次郎は何か言いかけたが黙った。

コマサが裕次郎に反論することに、渡は驚いていた。裕次郎より二歳年下のコマサは、このとき四十二歳。「俺は石原商店の番頭だ」というのが口癖で、

「俺に恐いものは何ひとつない。だけど裕次郎さんだけは苦手なんだ。何か恐いんだよ」

と言ったこともある。

その恐い裕次郎に向かって思いの丈《たけ》をぶつけている。一方の裕次郎も、コマサや渡が「こうさせていただきたい」とお願いすることに異を唱えたことは、これまで一度もなかった。それは裕次郎の二人に対する信頼であり、トップリーダーとしての器の大きさというものだろう。

コマサの言うこともわかる。義理を貫こうとする裕次郎の気持ちも渡にはよくわかる。自分も裕次郎と同じ態度を取るだろう。〈だが「映画を撮るために石原プロを再建する」という大義のためには、ここはコマサの言うとおりかもしれない〉五カ月前の四月一日付けで、石原プロの取締役に就任した渡は思った。お金を稼ぐこと自体が目的ではない。あくまでも映画製作の資金をつくるためだ。

夢は男の宝だという。夢がなければ人生は味気ない。だが、夢を食っては生きてはいけない。夢を実現するためには、越えなければならない壁があるのではないか。組織と個人の関係についてまわる普遍のジレンマであった。

〈いずれにしても、俺は社長についていくだけだ〉

渡は自分にそう言い聞かせていた。

「あら、みんな黙りこくっちゃってどうかしたの？」

まき子夫人が笑顔を見せながら、軽いおつまみをお盆に載せて運んできた。

「いま『浮浪雲』の話をしていたんですがね」

コマサが笑顔で受けて、

「主人公の雲は酒好きの女好きでしょう。テツがよく呑兵衛の役がやれたもんだと関心していたんですよ。女好きの演技は得意かもしれませんがね」

と混ぜ返した。

「コマサ、一緒にするなよ」

渡は、軽いジョークで切り返した。

リビングに笑い声が広がった。

義に殉ずる

渡とコマサが帰ったあと、裕次郎はひとり、リビングのソファにいた。

〈コマサが俺を説得するのは、これが二度目だな〉

と、七年前の記憶をまさぐっていた。

『黒部の太陽』『栄光への5000キロ』と立て続けに大ヒットを飛ばし、日本映画界に旋風を巻き起こした石原プロは、続く『ある兵士の賭け』と『エベレスト大滑降』で惨敗。当時の金で八億円という巨額の負債を抱える。しかもその直後、裕次郎は胸部疾患で、静岡県熱海市の国立熱海病院に七カ月間の入院をする。年商二億円の会社にとって八億円の負債。しかも、俳優兼社長の自分は長期入院。会社を存続させるのは無理だ。撮影機材を叩き売って会社を精算すれば、社員たちにいくらかでも退職金を払うことができる。また出直せばいい――裕次郎は、そう思っていた。

逆風を衝いて前に進む生き方もあれば、身を伏せ、時到るまで雌伏に耐える生き方もある。裕次郎はのち、座右の銘を問われて「風行草偃《ふうこうそうふ》」と答える。論語の一節で、「風吹かば、草ふせる」という意味だ。薫風にそよぎ、風雨に伏せ、降雪に耐え、自然に身をゆだねる草のような生き方――ということになるだろうか。受け身ではない。雌伏に耐える忍耐を自分に課すのだ。ものごとにこだわらず、大らかに見える裕次郎の、それが処し方であった。

あれは入院して何日目であったか。コマサと、岩波映画出身で名キャメラマンとして鳴らした石原プロ常務の金宇満司が連れだって病室を訪れ、

「社長は熱海で入院していてください。機材は売らないで、我々にもう一度やらせてくださ い」

と訴えたことで、裕次郎の気持ちが揺れる。

コマサの説明では、石原プロと切り離す形で製作会社を立ち上げ、ここでＣＭやテレビ番組の下請けをやりながら、その稼ぎを借金返済にあてるということだった。

裕次郎は判断がつきかねた。

「そんな計画がうまくいくのか？　気持ちはわかるが、ここはいさぎよく精算して一回会社をつぶして仕切り直しという方法もあるんじゃないか」

その考えにコマサは怒った。

「男が一回会社をつぶしたら、一生うだつが上がらないですよ。そんなことは絶対できない。借金してでも金返していくしかないんです。一度、枯らせた木と同じで、植え直しても大木には決してならない。お願いです。機材を私たちに使わせてください」

裕次郎はコマサらの熱意にほだされ、機材を託す。

昭和四十六四月二十六日、石原プロモーション・フィルムの頭文字をとってＩＰＦと名づけられた製作会社が設立される。経費を切り詰めるため、十数人の社員たちはソーメンをすすりながら、世田谷区千歳烏山の物置小屋のような事務所で、東宝映画の下請けやＣＭの仕事などを始めた。裕次郎は病院のベッドの上で、社員たちと運命をともにすることを決意したのだった。

そんなことを思い返しながら、ブランデーを舌にのせる。芳醇な香りが鼻孔をついて抜けていく。石原プロは倒産しないで、いまもこうして持ちこたえている。コマサが剛腕を振るい、テツは俳優として黙々と刑事役をこなしている。そして社員たちは「石原プロで映画を撮る」ということを目標に、身を削るようにして頑張っている。移籍は打算とセットになっている。そのことは意に染まないが、彼らのことを思えば、自分がこだわる義理や筋は、ちっぽけなものかもしれない。

裕次郎はグラスを干した。

コマサは、調布の自宅に向かって深夜の甲州街道を車を走らせていた。

〈あの言い方でよかったのだろうか〉

コマサは自問自答していた。

社長の性格からすれば反対するに決まっている。それは最初からわかっている。わかってはいるが、ものごとにはタイミングというものがある。マラソンのように長丁場の勝負もあれば、ヨーイドンで一気に決着がつく百メートル競争もある。議論を尽くすことは大事だが、議論ばかりやっているうちにタイミングを逸する仕事もある。『ＰＡＲＴⅢ』は間違いなくヒットする。テレビ朝日のオファーは、『大都会』が熱いうちに意志決定しなければ逃してしまう。

〈俺は強引だ。だから、嫌われる人間には、とことん嫌われる。だがビジネスは、いいわ、いいわみたいなことを言ってたんじゃ負けてしまう。ここぞというときは泥でも火の粉でも被る。それが番頭としての俺の役目だ〉

戦場に「待った」はない――それがコマサの考え方だった。

社長は翻意してくれるだろうか。渡はわかってくれるだろうか。七年前、常務の金宇満司と熱海の病院を訪れ、撮影機材を売らないでくれと頭を下げたとき、社長はこころよく聞き届けてくれた。だが、あのときは懇願であって、今回は説得であることに、コマサはいま気づいた。カリスマは懇願には男気を見せても、説得されることは好まない。そのことがわかっていながら、ムキになって反論し、説き伏せようとした。

〈俺としたことが……〉

コマサは苦い顔をした。

コマサが車を運転しながら自問している頃、大田区久が原の自宅に帰った渡はジャージに着替えて庭にいた。庭の一角にブロックを積み上げてつくった七十センチ四方の炉が設《しつら》えてある。

焚き火が大好きで、普段、撮影が休みの日は炉の前にしゃがみ、何時間もじっと炎を見つめることがあった。幼い頃のこと、青山学院時代のこと、俳優になった頃のこと、裕次郎のこと、そして結婚、子供、両親の死……。思い出が次から次へと脳裡をよぎり、それが煙と一緒に立ち昇っていって、やがて中空に拡散してしまう。それをぼんやりと眺めるのが、渡にとって至福のひと時であった。

淡路島の少年時代、渡は悪童たちと海に潜ると、獲ったサザエやアワビを浜で焼いてよく食べていた。この家を持ったとき、ふと思い立って庭の落ち葉を集めて火をつけてみた。赤い炎が落ち葉を舐め、煙がゆっくりと立ち昇っていく。それを眺めていると、とても気持ちが落ち着いてくる。

炉の前にしゃがみこむ。いましがたコマサから聞かされたテレビ朝日の話を反芻《はんすう》しながら、

〈もし、やるということになったら……〉

と、渡は自分に問いかけた。

これはまだ誰にも言っていないことだが、渡は『大都会』の終了をもって石原プロを退社するつもりでいた。渡は、昭和四十六年十一月に入社した当初から石原プロに在籍するのは五年と区切りをつけていた。俳優生命を賭け、松竹で活躍した映画プロデューサーの升本喜年《ますもときねん》と独

立を考えていた。幸い、石原プロも立ち直って、黒字経営へ向かっている。だが、まだまだ安心はできない。渡はいま三十六歳。俳優として脂の乗った年齢である。この大事な時期を、拳銃をブッ放すアクション刑事で通せば、俳優として決してプラスにはなるまい。

しかし五年目の節目に、事情があって升本が映画を離れテレビへ移ったことで渡は腹をくくる。「これも天命、裕次郎さんについて行く」渡は石原プロへ留まった。

日活が経営難からロマンポルノに路線変更した頃、ニューアクションのヒーローだった渡は活躍の場を失いつつあった。東映や松竹、東宝など大手各社は渡を欲しがったが、これらをすべて断って石原プロに入社する。誘ったのはコマサで、当時、石原プロは倒産危機の苦境にあり、渡の人気が欲しかったのだ。

かつて日活の俳優部にいたコマサは、渡が裕次郎に心酔していることをよく知っている。渡が全財産の百八十万円を封筒に入れ、「何かの足しにしてください」と言って裕次郎に差し出したことも知っている。渡の男気に裕次郎が涙し、「これは受け取れない」と言って返したことも知っている。

〈誘えばテツは来る〉

コマサの確信だった。

渡の生き方は打算の対極にあり、意気に感じて行動する男だった。青山学院大学空手部の仲間が面白半分に日活のオーディションに応募したことが縁でスカウトされ、はからずも俳優になったときのことだ。

「新人の渡哲也です。よろしくお願いいたします」

昭和三十九年夏の昼下がり。日活撮影所の大食堂で、二十二歳の大学生だった渡青年はズボンの縫い目に人さし指をつけて最敬礼した。裕次郎はビールの入ったグラスを横に置いて立ち上がると、

「君が渡君ですか。頑張ってください」

そう言って肩を軽くポンポンと叩いてくれた。

この日、渡は主だった俳優たちに挨拶まわりをしたのだが、多くがそっけない態度を取るなかで、高校時代からあこがれてきた大スターの裕次郎だけが、わざわざ立ち上がり、紳士的な態度で接してくれた。これに渡は感激し、裕次郎を慕い、裕次郎も「テツ」と呼んで可愛がった。石原邸で飲めない酒に酔いつぶれ、深夜、裕次郎と二人して風呂にも浸かった。他社が引き抜きを仕掛けて渡が日活とトラブルになったとき、裕次郎は日活社長の堀久作宅に談判に乗り込み、穏便にことを済ませてくれた。裕次郎の男気がなければ、あの時点で俳優は辞めて郷里の淡路島へ帰っていただろう。

大きな借りがある。そのことを胸に刻んで、渡はこれまで生きてきた。裕次郎は昭和九年十

二月二十八日生まれ。七つ年下の渡は、昭和十六年生まれで、奇しくも裕次郎と同じ十二月二十八日が誕生日だった。

コマサが思ったとおり、渡は周囲の反対に耳を貸さず、難破しかかった〝石原丸〟の乗組員になる。そのとき渡は二十九歳。三十半ばまでの五年間を一区切りとして、少しでも裕次郎の力になれたらいい。そんな思いだった。

〈あれから七年近くなるのか〉

深夜の庭で、渡が心でつぶやく。


渡が入社した翌年の昭和四十七年七月、裕次郎は『太陽にほえろ!』でテレビドラマに初出演する。警視庁七曲警察署捜査第一課・捜査第一係のボスこと「藤堂係長」の役で、高視聴率を叩き出していた。大きな負債を背負ったまま、石原プロの歯車は少しずつ噛み合っていくように渡は感じていた。渡も松竹、東映や東宝で準主役級で出演する一方、またテレビドマにも活躍の場を広げていた。

そして、入社二年目の昭和四十八年、渡にビッグチャンスが訪れる。NHK大河ドラマ『勝海舟』の主演に抜擢されたのだ。大河ドラマは、朝のテレビ小説と並ぶNHKの看板番組である。これまで渡は硬派のアウトロー役が多かったが、これから一般家庭の〝お茶の間〟に入っていく。全国の老若男女が観てくれる。可愛がってくれた裕次郎への恩返しにもなる。渡は洋々たる前途に胸をふくらませていた。

人は得意の絶頂で足元を掬《すく》われるという譬《たとえ》どおり、『勝海舟』の収録が始まって二カ月が過ぎた翌年一月、渡は高熱を発して倒れる。左胸膜陳旧性癒着性肋膜炎《さきょうまくちんきゅうせいゆちゃくせいろくまくえん》――それが医師の診断だった。

「このままでは肺浸潤《はいしんじゅん》になる」

と医師は警告し、裕次郎は降板するよう渡を説得したが、

「死んでもいいからやらせてください」

渡は必死で訴えた。

実は、石原プロに入社した翌四十七年七月、渡はフジテレビ『忍法かげろう斬り』の撮影中に葉間肋膜炎《ようかんろくまくえん》で倒れ、長期間の入院を余儀なくされている。これが治りきらず癒着していると いう診断だったが、入社して病に倒れるのはこれで二度になる。石原プロの手助けどころか、迷惑をかけている。この自責の念が「死んでもいいから――」という火を吐くような言葉になったのだった。

「だめだ。これは社長としての俺の命令だ。男の責任は仕事だけじゃない。暁史《あきふみ》のことも考えてみろ」

裕次郎は叱りつけるように言った。一人息子の暁史は、満一歳の誕生日をすぎたばかりだった。

こうして渡は、かつて裕次郎が闘病生活を送った国立熱海病院で九カ月を過ごすことになる。

渡主演で、石原プロ製作『大都会―闘いの日々―』が放送されるのは、渡が「五年間」と区切った節目の昭和五十一年一月六日のことだった。『大都会』は日本テレビの看板番組となり、翌年の昭和五十二年四月、『ＰＡＲＴⅡ』が製作され、これが終了した昭和五十三年四月一日、石原裕次郎はその功績を讃え渡を石原プロの取締役に迎えたのだった。

義に殉ずる。

それは渡の〝男の美学〟でもあった。

〈自分の身の振り方など、どうだっていいじゃないか〉

気持ちが吹っ切れたとき、

「あなた！　石原さんからお電話よ！」

妻の俊子が窓を開けて声をかけた。

〈社長はテレ朝でやる気だ〉

直感だった。

まだ携帯電話がない時代。渡は急いで家に入ると、受話器を手に取りながら壁の時計に目を走らせる。針は午前零時を指していた。

「渡です」

——悪いな、遅くに。

「いえ」

——やることにした。

「はい」

——大変なのはテツだ。だからコマサに話す前に電話したんだ。

「お気づかい、ありがとうございます。精一杯やらせていただきます」

——ありがとう。じゃ、また明日。

それだけ告げて電話は切れた。

懸念は三頭の馬の足並み

裕次郎、渡、コマサの三人が裕次郎邸で話し合った翌日の夕方、裕次郎が調布市染地にある石原プロに顔を出した。「会社が大変なときに、都心の一等地では分不相応だ」という裕次郎の決断で、石原プロは昭和四十八年五月、虎ノ門の事務所を引き払い、このプレハブ社屋に引っ越していた。一階部分は撮影機材の倉庫と車輌の整備場で、事務所は二階になっている。敷地は二百六十坪あり、駐車場は広くゆうに乗用車二十台くらいが停められた。建物は飯場のような佇まいで、二階に上がる鉄の階段はバタバタと音を立て、「活動屋」と呼ぶにふさわしい風情があり、裕次郎はここが、ことのほか気に入っていた。

足音を聞いて、渡とコマサが目を合わせた。裕次郎は気配で存在を感じさせる。

「社長だ」

コマサが若い社員にアゴをしゃくると、椅子に掛けた木綿の白布を素早く取り去った。この椅子は裕次郎が決まって腰掛けるもので、ほかの者が座らないようにという社員たちの心づかいだった。二階の事務所はL字型になっていて、各部所の部屋などはあるが、社長室はない。「そんなものは不要だ」という裕次郎の一言で社長室は経理部が使っている。裕次郎は会社に顔を出すと、第一製作部にある映写室に入り、その椅子に陣取るのが習わしになっていた。

「お疲れさまです！」

製作部や芸能部、それに車輌部のスタッフから威勢のいい挨拶が飛ぶ。両手をチノパンのポケットに突っ込み、白いポロシャツの上から濃紺のカーディガンを首巻きにして背に掛けた裕次郎が笑顔を返す。渡もコマサも椅子から立ち上がって頭を下げたが、昨夜のことなどなかったかのように、三人はそれについては一言も触れなかった。

「おい、あれを回せ」

裕次郎が〝指定席〟に腰をおろして言った。

社員たちが一斉に動く。冷蔵庫から缶ビールを運んで来る者、水割りを用意する者、一升瓶を持ち出す者……。机の上が手早く片づけられると、コップが並び、乾き物を入れた紙皿が適当な配置で置かれていく。裕次郎に最初に缶ビールが渡され、次いで渡に、そしてコマサに缶のウーロン茶を手渡してから、各々が好きな飲み物を手に取っていく。

「電気！」

という掛け声がかかり、明かりを消したスクリーンに石原プロ製作『栄光への5000キロ』の上映がはじまる。

裕次郎は会社に来ると、社員たちと酒を飲みながら、この映画をよく観た。「あれを回せ」と言うだけで話は通じた。『栄光への5000キロ』は『黒部の太陽』に続く翌四十四年の公開で、観客動員数三百万人という大ヒットを飛ばした。過酷なラリーレースと、その陰の人間ドラマを描いた作品で、上映時間は四分のインターバルを入れて三時間という大作だ。製作費四億円は、現在の貨幣価値で十数億円に相当する。日本以外にヨーロッパ、アフリカで長期ロケを敢行。内容は男と女の話であり、男がスピードに命を賭けるという普遍的な面白さに加えて、ヨーロッパのモナコグランプリ、モンテカルロラリー、日本グランプリ、さらにサファリラリーを股にかける。雪と氷に覆われたアルプスの峠道、アフリカの悪路など、現地ならではのレースシーンを再現している。外国人キャストとの掛け合いでは、裕次郎たち日本人俳優も英語やフランス語の台詞をこなすなど、石原プロ会心の娯楽大作だった。

アフリカ現地ロケは三カ月間を費やした。

「このシーンを撮っているときに」

裕次郎がスクリーンを指さして口を開く。

「鷹くらいの大きさの鳥がフロントガラスにぶつかってさ。ガラスを叩き割って車内に飛び込んできたんだ。夜道を百六十キロの猛スピードで走ってるんだから命がけだ」

と解説をはさんでいく。

「人っ子一人いない夜の山道で撮っていると、暗闇のなかで野獣の目が爛々と光るんだ。ヤバイさ。都会にいると気づかないけど、自動車のライトというのは、建物などに反射するから道が明るく見える。だけど、アフリカのサバンナには反射物がないから、真っ暗い海を照射する灯台の光のように、暗闇のなかにフェードアウトしてしまうんだな」

「カメラを積んだまま、真っ暗な道をかなりの距離を走行して撮影するんだけど、ごく近い木立は瞬間的にライトが照らし出すが、遠くまでは見えない。ライトを消すと漆黒の闇でね。目つぶしをくったみたいになって、何も見えなくなってしまう」

「ニシキヘビも、でっかいやつがいる。サバンナに生えている木は、写真を見てわかるように低くて枝が広がったものが多いんだけど、あるとき、そういう木にケーブルがぶら下がっていた。だけどケーブルにしちゃ、太過ぎる。いや、太いも何もサバンナのど真ん中にケーブルがあるはずがない——なんて思いながら近づいていくと、ニシキヘビが木の上で昼寝をしていた。全長十五メートルくらいはあったね。漫画やターザン映画に出てくるようなやつだった。あんなにデッカイのを見るのは壮観で、アフリカに取り憑かれる人の気持ちが、このときよくわかった」

「蜃気楼というものも、アフリカで初めて見た。アンボセリのそばにドライレイクがある。ひび割れたレイクでね。そこを、いろんな動物が群れて歩いている。かんかん照りで、蜃気楼の湖を見て、水を求めて歩いているんだ。その付近をジープで走ってみると、バッファローとか象の骨が結構ある。最初はなんで彼らがこんな場所に延々と倒れるまで歩いてくるのか不思議だった。クソ熱くて、砂しかないんだから。結局、彼らは蜃気楼を見て、やってきたんだな」

するとコマサが口をはさむ。

「俺、ひとりでアフリカにロケハンに行かされたんだから、忘れてもらっちゃ困りますよ。社長に呼ばれて、〝コマサ、ちょっとアフリカに行ってこい〟なんて言われたけど、アフリカなんて知らないから、アフリカ国というのがあるのかと思った」

暗い部屋で、社員たちからドッと笑い声が起こるのだった。

映写のたびに同じような話が何度も繰り返され、オチがわかっていても、みんなして腹を抱えてて笑った。渡は、この映画を撮ったときは日活の所属俳優で、石原プロにはいなかった。だから『栄光への5000キロ』の撮影については直接は知らないが、「活動屋」の熱気を肌身で感じ取っていた。映画に人生を懸けた多士済々の活動屋たちが裕次郎に惹かれて集い、飲み、映画論を戦わせ、「いずれ必ず撮る」と夢を語り合う。

〈石原プロは梁山泊《りょうざんぱく》みたいだ〉

と、渡は改めて思うのだった。

裕次郎がスクリーンを指さしながら、熱っぽく映画について語っている。裕次郎の頭のなかには映画を撮ることしかない。そのためには義理を欠いてもテレビ朝日へ移行し、石原プロの経営体力を強くしなければならない。この一点において、裕次郎、渡、コマサの考えは一致団結していた。石原プロという馬車を、三頭の馬が渾身の脚力で牽引していくのだ。だが、それぞれが個性豊かで、信念に貫かれた人生観を持っている。目的に向かって疾駆するのはいい。懸念は、三頭の馬の足並みがそろうかどうか。

人生において時は一瞬だ。だから残された時間はどんどん少なくなっている。どう走るか

──。

渡とコマサの目が薄暗いなかで絡んだ。

テレビ朝日へ投げたど真ん中の直球

昭和五十三年当時の日本経済は、石油危機による狂乱物価を乗り切り、実質成長率５・５パーセントと企業収益は大幅に回復していた。国際収支は二〇六億ドルと史上空前の黒字を計上する。公共投資の伸長と堅調な消費動向に支えられ、経済全体が着実に伸びていた。さらに一般消費者にコンピュータが普及しはじめ、秋葉原はコンピュータの街へと変貌を遂げつつあった。

テレビドラ界は視聴率でＴＢＳが独走していた。『Ｇメン'75』『大岡越前第５部』『赤い激突』の三作が、ともに30パーセント前後の高視聴率で推移。他局はＮＨＫ『ドラマ人間模様』、日本テレビ『大都会ＰＡＲＴⅡ』がそれぞれ人気を誇っていた。在京キー局五社のなかで、テレビ朝日とフジテレビの二社がドラマ視聴率で後塵を拝していた。

朝日新聞出身で、「テレ朝の天皇」と呼ばれた三浦甲子二専務は、このことが我慢ならなかった。起死回生の一手としてだけでなく、今後のテレビ界の展開を睨み、三浦専務は石原プロに目をつけた。石原裕次郎、渡哲也というビッグネームのほか、多くの人気若手俳優を擁する一方、製作においてはナンバーワンの技術を持っている。さらに既成概念にとらわれない企画力と発想は、『黒部の太陽』や『栄光への5000キロ』といった大作の成功を引き合いに出すまでもない。

いずれテレビ界もアウトソーシングの時代がやってくる。それを睨み、ワン・パッケージで視聴率の取れる娯楽作品を作るとしたら、石原プロ以外にない。時代を見据えた三浦専務の経営感覚であった。

三浦専務はとても顔が広く、政財界やスポーツ芸能界に多くの知友を持ち、行動的で、突破力を備えた男だった。

酒が好きで酔うと天下国家を論じ、中曽根康弘内閣成立の影の立役者でもあった。黒柳徹子の『徹子の部屋』を作ったのはこの三浦専務で、黒柳とは深い友情で結ばれていた。

裕次郎の内諾を得た三日後、石野常務によって段取りされた商談でコマサは港区麻布のテレビ朝日に出向くと、役員室で三浦専務とサシで向かい合った。お互いが腹を探り合い、話を一つところに落とすには、信頼関係と〝阿吽《あうん》の呼吸〟が何より大事だ。余人を交えれば思惑に微妙なズレが生じ、まとまる話も壊れてしまうことがある。朝日新聞労働組合幹部を経て同社最強の実力者に登りつめた三浦も、映画界の修羅場を潜り抜けてきたコマサも、密談の呼吸というものをよく承知していた。

「先夜、ウチの旦那に話しました」

コマサが切り出す。話す相手に応じて、コマサは裕次郎のことを「社長」とか「旦那」、居住地からとって「成城」と使い分けた。

「結論から申します。旦那は日テレに義理立てしています」

三浦専務が無言で受け流す。コマサより十二歳年上の五十四歳。面長で目が細く、上唇が薄い。一筋縄ではいかない面相であることはコマサも承知している。駆け引きの通じる相手でないことは、これまで何度か会ってわかっている。ど真ん中に直球を投げるのだ。この球を三浦専務が受け止めるか、ミットを引っ込めるか。

「条件は二つあります。製作費は一本につき三千五百万円。そして番組スポンサーは石原プロが自主営業させていただく。これでしたらウチでやらせてもらいます」

「三千五百万か……」。コマサ、吹っかけてきたな」

三浦専務が押し返す。当時、一時間もののドラマ製作費は二千万円といわれた。テレビ朝日放映の二時間ドラマ『土曜ワイド劇場』でも三千二百万円。コマサが要求する三千五百万円は破格だった。

コマサが早口でまくし立てる。

「石原裕次郎と渡哲也の二枚看板に松田優作、高品格、小野武彦、峰竜太、神田正輝と役者が豪華ですわ。車もン百万もするやつをハデに爆破させるし、地方ロケも多い。だから『大都会』は人気がある。いまどき平均視聴率25パーセントも取れるドラマがほかにありますか？それをそのまま日テレからテレビ朝日に持ってきて、さらに面白くするために三千五百万を見ていただきたい」

「それに加えて自主営業、ですかな」

「そうです。ウチで集めます」

コマサが言い切った。

テレビ局は放送枠を広告代理店に売り、広告代理店がスポンサー営業する。わかりやすく言えば、テレビ局が問屋で、商品（放送枠）を小売店（広告代理店）に卸し、小売店はそれに利益を乗せて客（スポンサー）に売るという仕組みだ。テレビ局は個別の客に営業しなくてすむ。広告代理店は、もともと顧客を持っているのだから売るのは容易で、マージンが入る。これまで常識とされたこのビジネスモデルに対して、コマサは直接営業という方法を考え出し、テレビ朝日で形にしようとしているのだ。マージンはすべて石原プロに入る。

「ウチは活動屋です」

コマサが、三浦専務に続ける。

「ただポカーンと局から出演料だけもらってやるのは、口入れ稼業の芸能プロ。製作会社の活動屋はそれじゃやっていけない。だから『大都会』は製作を請け負って、即品として納めています。だけど――三浦専務に〝釈迦に説法〟でしょうが――めっきりハッキリの製作費だけもらって作ってたんじゃ利益は出ない。時前で営業して、予算というパイを大きくしなくちゃ会社の意味がない」

三浦専務が二度、三度とうなずいてから、

「わかった」

キッパリと言って笑顔を見せた。

笑うと三浦専務の額に何本か皺が刻まれる。「テレ朝の天皇」として聞こえているが、その笑顔は清濁合わせ飲む器の大きさを感じた。カミソリの切れ味ではなく、立ち木を一刀両断にする鉈《なた》の凄味があった。

実を言うと、コマサは三浦専務がこの条件を呑むと踏んでいた。NETテレビが朝日新聞傘下に入り、テレビ朝日と社名変更してまだ一年余り。放送枠の営業は完売しているわけではないという情報をつかんでいる。だから頭からノーは言うまい。少なくとも交渉の余地はある。

コマサは、そう踏んでいたのだった。

だが、それは読みであって、返答は聞いてみるまでわからない。ノーとなれば改めての交渉になるが、話によっては白紙になる。石原プロの再建は、それだけ遠のいてしまう。不安とあせりを見抜かれないようにして、コマサは条件を切り出したのだった。

「コマサ、わかった」という一言にコマサは安堵しながら、表情を悟られないように、

「帰って旦那に報告します。旦那とは後日、改めて――」

頭を下げて席を立った。

コマサの後ろ姿を見送って、三浦専務の顔から笑みが消える。あとは日本テレビがどう出てくるか。『大都会』をすんなり手放すとは考えられない。


その夜、渡とコマサは石原邸に出向いた。

石原プロの社屋は社長室もなく、梁山泊の賑わいだ。言い換えれば、石原プロは幹部である役員が額を寄せてヒソヒソヒソヒソやるような雰囲気ではないということでもある。だから会議というものはない。話し合う必要があれば、夜にでも石原邸に幹部たち数人が顔を出し、裕次郎に報告して意見を仰ぎ、石原プロの方針とする。一の話を五にも十にもふくらませて社員たちに伝えるか、逆に十のものを一に小さくして伝えるかはコマサにまかされた。

裕次郎が司令官で、コマサを参謀長とするなら、社員とスタッフをたばね、現場を取り仕切る渡は軍団長ということになる。

「わかった」

コマサから報告を受け、裕次郎がうなずいてから、

「テツ、それでいいか？」

「はい」

「じゃ、月が変わったら上子専務に会って移籍の仁義を切ろう」

「早いほうがいいんじゃないですか？　先方にも都合があるでしょうから」

一歩引いた口調ではあったが、渡が裕次郎に言葉を返すのは珍しいことだった。義理にこだわる。テツらしいな――と裕次郎は微笑ましく思った。

「わかった。じゃ、来週にでも」

「ちょっと待ってください」

コマサがさえぎって、

「私が井原局長と話をしてきます。上子さんと会うのはそのあとでお願いします」

有無を言わさぬ口調だった。

高視聴率の『大都会』というべき作品を他局に持って行くという話だ。どういう展開になる

かわからない。この年、第一制作局長に就任した井原高忠は、裕次郎と慶應大学の同窓で五歳年長。「裕ちゃん」と呼んで仲がいいだけに、嫌な役を裕次郎にやらせるわけにはいかない。泥も火の粉も被るのが番頭の責務なのだ。

「自分が一緒に行きます」

渡が口を開いた。

「いいよ、俺ひとりで」

「しかし」

「テツ、お前がわざわざ来たら、向こうも構える。用心棒を連れて行くのは喧嘩するときだ」

コマサが真面目な顔をして言ったので、裕次郎が思わず吹き出した。

「テツ、ここはコマサにまかせておけばいい」

取りなすように言った。

石原プロの流儀

翌日、渡は撮影がオフで、自宅でくつろいでいた。

午後になって、小学校に上がった一人息子の暁史が息せき切って帰ってきた。渡が今日は家にいることがわかっているからだ。

「お父さん、焚き火しよう」

と言ってせがむ。

「よし、やるか」

煙草をもみ消してから、渡が腰を上げる。

猛烈なスパルタ教育で育った渡は、わが子にも同じように厳しく接していた。暁史が三歳のときのことだ。だだをこねて食べたものをわざと吐いたことがある。渡はこれを許さず、真冬であったにもかかわらず、裸にして風呂場に閉じ込め、

「もどすならもどせ。吐くのなら吐け!」

泣きじゃくる暁史を叱りつけ、謝るまで出さなかった。

〈三歳の幼児にそこまでしなくても〉

と妻の俊子は思うのだが、夫はそういう真っ直ぐなところがあった。それほど恐い父親であっても暁史が慕うのは、本当は子煩悩であることを皮膚感覚でわかっているからだろう。熱を出したときは、そばにつきっきりで一晩中、わが子の顔を見下ろしている。そういう父親だった。

薪が切れていたので、渡が馴染みの酒屋へ走り、一升瓶が六本ほど入る木箱を持って帰って

くる。鉈を振るって木っ端にしてから焚き火を始めた。家庭での渡はものぐさで、縦の物を横にしないどころか、ちょっと手を伸ばせば届く煙草でさえ、「おい、煙草」と俊子を呼びつける。その夫が、焚き火だけは自分で率先して動くことに、俊子はあきれつつ、笑みが浮かんでくるのだった。

父子が並んで炉の前にしゃがんで、なにやら楽しそうに話をしている。俊子が窓越しに夫の背を見ている。妻の自分には仕事の話はいっさいしてくれない。男は家庭に仕事を持ち込むものではないという考えの持ち主だ。青山学院時代からのつき合いだが、並んで歩いていても、学校が近づくと決まって反対側の歩道に一人で行ってしまう。

「どうしていつもそうなの？」

不思議に思って問うと、

「空手部の連中に見つかったら体裁が悪い」

大まじめな顔をして言ったものだ。バンカラに見えて、本当はものすごく恥ずかしがり屋であることを俊子はこのとき知った。いまもそうだが、ぶっきらぼうな態度をとるときは、たいていテレの裏返しであることが多いのだ。

このところ、夫はちょくちょく裕次郎邸へ出かけて夜遅くに帰ってくる。何か新しい仕事でも始まるのだろうか。『大都会』が人気で、それは俳優の妻として嬉しいことだが、はたしてそれが夫にとって……夫のシャイな性格を俊子は思わないわけにはいかなかった。

会社の勢いは、玄関を一歩入ったらわかる。

日本テレビは先月八月、『24時間テレビ「愛は地球を救う」』の放送をスタートさせた。週末の二十四時間を生放送でつなぐチャリティー番組で、この大英断は業界の度肝を抜いた。また他局に先駆け、今月から音声多重放送に着手するなど、日本テレビの勢いをコマサは肌で感じた。このまま日本テレビの勢いと歩調を合わせる手もある。だが同時に、勢いがあるからこそ、『大都会』を手放すことも考えられるというのが、コマサの読みでもあった。

石野がコマサに伝えた『ＰＡＲＴⅢ』の俳優たちに対する懸念もあった。

井原が応接室で迎え、笑顔でソファを勧めた。慶應ボーイというイメージそのままで、この紳士が伝説の大ヒットとなった『巨泉×前武ゲバゲバ90分！』や『11ＰＭ』を仕掛けた人物であるとは思えないだろう。『24時間テレビ「愛は地球を救う」』も、井原局長がゴーサインを出して実現したものだ。

「自主営業の件、どうなりましたか？」

コマサは単刀直入に尋ねた。

井原局長は笑みを浮かべたまま、

「残念ですが、ご期待には添えません」

と結論を口にした。

コマサが食い下がる。

「『大都会』は人気番組なので、ライター同士が競い合って、アクションシーンがどんどん過激になっています。仕掛けもハデになってカネがかかります。製作費だけでこれをまかなうのは厳しい」

井原がうなずいて、

「ですから、石原プロが独自にスポンサーとタイアップして資金を集めていることに、ウチは目をつむっています」

「いくらでもない。ロケが多いので、それを捻出する程度です」

「それでも営業部は立場上、困っています」

井原が率直に告げた。

石原プロが自主営業してスポンサーをつけたいという気持ちは、井原にはよくわかる。コマサの言うとおり、『ＰＡＲＴⅢ』のロケでのアクションや使用する銃火器はより過激になっていて、そのぶん製作費がかさむ。多額の借金を返済中の石原プロにとってこれは厳しい。石原プロは所属俳優のＣＭ出演など、縁のある企業は少なくない。コマサがスポンサーを口説き、裕次郎と渡が頭を下げれば自主営業は可能だろう。

だが、日本テレビの放送枠はすべてスポンサーがついている。民間放送局として開局第一号ということで、日本テレビはブランド力があり、有名企業が数多くスポンサードしている。石原プロの独自営業を認めれば、こうしたスポンサー企業と軋轢《あつれき》を起こすことになる。日本テレビの経営を揺るがすだろう。裕次郎を「裕ちゃん」と呼ぶ井原だ。個人としては石原プロの力になってやりたいが、「組織人」として首をタテに振るわけにはいかなかった。こまかいタイアップに目をつむり、営業部の不満をなだめることが、組織人の井原として精一杯の誠意であった。

コマサが井原に視線を据えた。

「テレビ朝日からオファーが来ました」

井原が小さく息を呑んで、

「わかるように説明してくれませんか」

と、険しい顔で言った。

コマサは経緯を説明し、さらに製作費のこと、自主営業を認めることなど包み隠さず話した上で、了解を求めた。それが石原プロの流儀だった。裕次郎も、渡も、駆け引きということを嫌った。正面からぶつかり、意をつくし、そして一歩も引かない。このことを承知している井

原は異を唱えることも、反論もせず、

「話はわかりました。私の一存というわけにはいきませんので、上子とも相談させてください」

と告げた。


「裕ちゃん、テレビはそう甘いものではないから」


コマサを廊下で見送った井原局長は、その足で上子専務の部屋を訪ねると、かいつまんでコマサの話を伝えた。

上子は寝耳に水の衝撃だったが、驚きを呑みこんで、

「自主営業は絶対に認められない」

冷静に現状分析を始めた。

「折衷案《せっちゅうあん》として、石原プロにタイアップ営業の枠を増やすというのはどうか」

「うちの営業部が黙っていません。それにテレ朝が自主営業をOKしていますので、石原プロも乗らないでしょう。それに――」

と井原は言葉をついで、

「ご承知のように、石原プロは金儲け自体に主眼があるわけではありません。負債を返済し、資金をつくり、自分たちが納得する映画を製作する――これが目的です。テレ朝への移籍話が、製作費など〝条件闘争〟であるなら妥協の余地はありますが、自分たちで資金を得て石原プロを再建するということであれば、話し合いは難しいでしょう」

上子がうなずく。読売新聞出身で、裕次郎の人柄に惚れる上子は〝裕次郎シンパ〟として知られているだけに、井原の言うことはもっともだと思った。

上子が口を開く。

「製作費の補填《ほてん》のためとはいえ、このまま石原プロが他のスポンサーと独自にタイアップを続ければ、広告代理店が黙ってはいまい」

「石原プロが反発すれば大きな問題に発展するでしょう。間違いなく突っぱねる。彼らが膝を屈することはありえません」

「そうなれば、どのみち『大都会』もＰＡＲＴⅢで終わることになるな」

潮時ではないか――上子はそう言っているのだ。後発のテレビ朝日は目玉になる番組が欲しい。石原プロも自主営業して再建を加速させたがっている。日本テレビもまた、石原プロのタイアップ営業はトラブルの火種でもある。三者三様の思惑は一致していた。

「それと、もう一つ」

と、井原が言った。

「これは製作現場の声なんですが、石野さんが〝配役のバランスが崩れてきているのではないか〟と危惧しているそうです」

「石野が？」

「このあたりのニュアンスは難しいんですが、馴れとか厭《あ》きというより、演技がルーチン化してきていて、そのぶん安定はしているんですが、〝新鮮感〟が薄らいできているということです」

石野憲助は石原プロ常務で、『大都会』のプロデューサーだ。劇団民藝映画部、国際放映を経て石原プロに入社したドラマづくりのベテランで、『大都会』の製作が決まったとき、上子専務が入社の橋渡しをしている。それだけに上子は石野に一目置いていた。

「高視聴率のうちにやめるという選択肢もあると言っているそうです」

「石野らしいね」

上子が笑った。製作現場の人間は常に作品のことだけを考えていて、営業や経営のことは二の次なのだろう。だからいい作品ができるのだ。

「テレ朝でうまくいくかな」

「わかりませんが、簡単ではないでしょう」

「うちの『太陽にほえろ！』はまだまだ続く。裕次郎さんとの関係は切れない。そうだろう？」

上子が言わんとすることは井原にもわかっている。テレビ朝日に移籍して成功するとは限らない。組織変更したばかりのテレビ朝日は、キー局としてはまだ弱体だ。石原プロの自主営業力も未知数だ。失敗する公算が高いと見るのが順当だろう。そのときは笑顔で迎え、また日本テレビで新しい作品を始めればいい。だからここは気持ちよく送り出すのが大人の対応であり、先を見据えたビジネス戦略ではないか。上子はそう言っているのだ。

「小林さんに伝えます」

「ただし、『ＰＡＲＴⅣ』というタイトルは困るよ。うちにも立場がある」

上子が笑って言った。

月が変わって、裕次郎は渡とコマサを伴って日本テレビを訪れ、上子専務と井原局長に仁義を切った。石原プロの経営が安定してきたのは『大都会』のおかげだ。裕次郎は心から感謝し、頭を下げる。喧嘩したわけではない。作品の内容について意見が衝突したわけでもない。それぞれが背負っているものが違った。上子たちが背負うのがビジネスという数字であるなら、裕次郎たち活動屋が背負うのは夢という〝業《ごう》〟であった。

「それじゃ」

三人が腰を上げると、井原局長が言った。

「裕ちゃん、テレビはそう甘いものではないから、駄目になったらすぐ帰ってきて」

これほどの励ましがあるだろうか。

まもなく『大都会ＰＡＲＴⅢ』が一年間の予定で放送が始まる。これと平行する形で、テレビ朝日の企画は進んでいく。他局へ移籍する石原プロに、いつでも帰って来ていいと言うのだ。ビジネスマンとして計算もあっただろうが、並の男では口にできまい。そばにいた渡は、井原の男気を改めて見直す思いだった。


筋を通して日本テレビに先に挨拶に出向き、裕次郎たち三人は数日の間を置いてテレビ朝日に三浦専務を訪ねた。

清濁合わせ飲むタイプであることは、裕次郎も渡もすぐにわかった。朝日新聞で権力闘争を潜り抜けてきた男だ。会話に笑顔が混じるが、一筋縄ではいくタイプとはとても思えない。だが、それだけに、いざ走り出したらトコトン行くのではないか。そういう意味では頼もしいパートナーになる。

コマサが饒舌にしゃべり、三浦がそれを切り返し、裕次郎が笑みを浮かべながらやりとりを聞いている。渡ひとりが姿勢を正し、固い表情でいる。これから石原軍団の勝負が始まる。現場を束ねるのは自分の責務だ。「乾坤一擲《けんこんいってき》」を座右の銘とする渡は、何事も真っ向勝負。談笑に加わり、笑みを浮かべるほど器用な男ではなかった。

朗報のあとの衝撃

日中は『大都会ＰＡＲＴⅢ』の撮影に臨み、夜になると、テレビ朝日でやる新番組の打ち合わせのため、渡とコマサが石原邸に顔を出した。二人のほか、プロデューサーの石野憲助、『黒部の太陽』や『栄光への５０００キロ』を撮った金宇満司の両常務が加わることもある。打ち合わせといっても酒席の雑談のようなもので、グラス片手にそれぞれが自由に発言し、そこからアイデアをすくいあげていくのが石原プロの流儀だった。

テーマは決まっている。刑事ものに名を借りたアクションドラマだ。裕次郎、渡哲也、寺尾聰、苅谷俊介らレギュラー陣は『大都会ＰＡＲＴⅢ』から引き継ぐ。渡が率いる部下たちは『西部警察』では「大門軍団」の異名を持たせた。『大都会』の「黒岩軍団」を踏襲したもので、「軍団」という言葉は石原プロの代名詞ともなっていた。裕次郎の役どころは、渡との職業上の対立を見せた『大都会』シリーズとは異なり、大門軍団をバックアップする木暮捜査課長として登場する。

ここまでは固まっている。問題は『大都会』を超えるインパクトだ。特に初回は大事だ。ここで視聴者をつかまなければ負ける。

「何かねぇかな」

裕次郎が、みんなを見回す。この夜は渡とコマサのほか、石野と金宇が同席していた。

「コマサ、なんとか言えよ」

金宇がコマサの脇腹を突っつく。金宇が三歳年長で、二人は『黒部の太陽』を撮って以来の〝戦友〟とあって遠慮がない。

「俺は中身についちゃ、なんにも言わねぇよ」

とコマサが腕組みして、

「それはテツや石野が脚本家《ほんや》と考えればいいことだ。俺の役目はな、それを形にすることなんだ。荒唐無稽だろうが何だろうが、〝こうやりたい〟と言えば俺が段取りしてやる」

石野が切り出した。

「メインライターの永原と話したのですが、銀座のど真ん中に戦車を登場させる、というのはどうですか」

「面白いな、それ」

裕次郎が真顔で言った。

「戦車が、ですか？」

渡が怪訝《けげん》な顔で聞き返す。

「そうだ、戦車だ。初回は戦車を出す。銀座を走らせるんだ」

裕次郎が声を弾ませた。

一堂、顔を見合わせるなかで、

「よし、面白い、やってやろうじゃないか」

コマサ一人が意気軒昂で、組んでいた腕を解いて言い切った。

「ヒョータンから戦車が飛び出した」

とは、のちにコマサが口にすることだった。


この年の春、石原裕次郎は、実の父親のように慕っていた宝酒造の大宮隆会長と、コマサを連れ立って韓国へ旅行をした。

食事のとき、裕次郎が「辛味がしみる」という言葉に、大宮会長が訝《いぶか》しげに尋ねた。

「いつ頃から、辛味がしみるのかね」

「半年くらい前からです」

大宮会長は顔を曇らせ、即座に
「それは普通じゃないよ。帰ったらすぐに病院に行きなさい」

とすすめられたが、『太陽にほえろ!』『大都会ＰＡＲＴⅢ』など多忙に追われ、つい病院へ行かずじまいとなった。

春頃からうすうす感づいていたまき子夫人は、秋になって裕次郎の痛みを伴った舌の異変に気づく。

裕次郎の舌の裏側に粟粒《あわつぶ》のような腫れ物ができているのに驚き、

「裕さん、どうしてこんなに大きくなるまで放っておいたの」

と問いただし、慶應病院へ行って検査をするよう説得した。

さすがに心配になったのか、裕次郎はすぐに慶應病院で検査を行った。

病理検査の結果、「悪性潰瘍」で舌がんの疑いがあるとわかった。告げられたのは、まき子夫人と、付き添ったコマサの二人だった。

すぐに結果を渡哲也、大宮会長に知らせ、大宮会長は、

「もう少し早くわかってたら……」

と嘆き、落胆した。

渡も、しばし言葉を失ったままだった。

裕次郎の見舞いで訪ねたとき、心配した渡に
「テツ、そんな深刻な顔すんなよ。病人はお前じゃなく、この俺なんだぜ」

と、裕次郎がおどけて言った。相槌を打つようにしてコマサが言う。

「そのとおりだ、テツ。お前は物事を真剣に考えすぎる。もうちょっと、ちゃらんぽらんに生きてもいいんじゃないか」

「コマサ、お前のようにか？」

裕次郎が混ぜっ返し、渡が苦笑した。

これではどっちが励まされているかわからない。裕次郎の、真夏の太陽が眩《まぶ》しく光るような屈託のなさは、天性のものだろうと渡は思った。草木が陽光を追い求めるように、自分もコマサも、石原プロの社員たちもすべてが、裕次郎という〝太陽〟に惹かれている。渡はこのときそんな思いがした。

まき子夫人とコマサは主治医に「舌下白板症」という病名にしてもらい、裕次郎には「良性の潰瘍」と伝え、手術をすすめた。

十二月一日入院し、四日にコマサ、渡哲也、まき子夫人立ち会いのもと手術が行われた。二週間後の十二月十四日に退院して『太陽にほえろ！』の収録に参加したが、以後慶應病院でのコバルト照射が定期的に続けられていった。

裕次郎には内緒の舌がんの治療であった。

これが、いわゆる病魔との長い闘いの始まりである。

『西部警察』は石原プロや裕次郎にとって、絶対に負けられない闘いだった。

裕次郎は主題歌に着目した。ドラマをヒットさすためには、ドラマの持つ力と、主題歌の持つ力の相乗効果が不可欠といっていい。

裕次郎は旧知の、というより弟のように可愛がっていた作詞家のなかにし礼に直接、電話をかけた。

「石原ですが、礼さんいらっしゃいますか」

なかにしにとって石原という名の知人は、石原裕次郎以外いない。〈まさか裕さんが直接に我が家に電話をかけてくることなどありえない。どなただろう〉そう思って電話の主に尋ねた。

「どちらの石原さんですか」

「石原裕次郎です」

これには、さすがのなかにしも驚いた。それまでは何かあると、お互いのマネージャーを通して会っていて、今回のようなことは一度もない。〈あの裕さんが直接、僕に電話をくれた〉どうしたのだろうかと、なかにしは思った。裕次郎は続けた。

「どうしても成功させなきゃなんない仕事なんだ。どう、人肌ぬいでくれないか」

二人は赤坂にある料亭「千代新」で会った。約束の時間前に、すでに裕次郎は上座を空けて席についていた。

「こっちに座ってよ」

裕次郎は上座になかにしを座らせた。〈なんだろう、人肌ぬぐっていう話は〉

裕次郎はすぐに切り出した。

「今度、テレビ朝日で『西部警察』という刑事ドラマをウチで撮る。そこでお願いだ。その主題歌を頼みたい」

上座に座らされ、尊敬する裕次郎から「頼む」と言われて断る理由など、どこにもない。

「喜んでやらせていただきます」

〈自分を信頼してくれている。応えたい〉なかにしは、裕次郎の仕事に向ける並々ならぬ意欲に、ただ敬服して胸が熱くなった。裕次郎は笑顔で『西部警察』への熱い思いと意気込みを滔々《とうとう》と語った。二人にとって、この日は、とても思い出の深い一日となった。

そして生まれたのが、あの大ヒットした『西部警察』の名曲『みんな誰かを愛してる』である。渡とコマサは裕次郎の時代を読む慧眼《けいがん》に頭が下がる思いだった。

第二章

「銭ゲバ!? けっこうだ」

負ける喧嘩はしない

年が明けて昭和五十四年、製作スタッフたちは、『西部警察』の内容を詰めた。脚本は『大都会PARTⅡ』以降、メインライターの永原秀一が務め、シノプシスを書き上げた。戦車が東京を蹂躙《じゅうりん》する物語——第一話「無防備都市」がそれであった。

テレビ朝日は「戦車」というアイデアに飛びついた。来年、ソビエト連邦で第22回夏期「モスクワ・オリンピック」が開催され、この放送権をテレビ朝日が獲得していた。テレビ朝日としては初めてのオリンピック中継であり、在京キー局で後れをとる同局にしてみれば強烈なアピールになる。さらに、裕次郎がヨットレース日本選手団の特別コーチとして参加する話も持ち上がっている。社内は熱気に満ちていた。

だが、アイデアとしては面白いが、戦車はどこで調達すればいいのか。そもそも、そんなことが可能なのか。やれるとしても、政治的な根回しが当然必要になってくるだろう。「テレ朝の天皇」と呼ばれる三浦専務は中曽根康弘と昵懇《じっこん》と聞くが、三浦専務は五輪中継の件でモスクワへ出張中だった。

石原プロ第一製作室で思案していたコマサは、壁の時計を見て時差を確認し、テレビ朝日から告げられている三浦専務の滞在ホテルに電話を入れた。ロシア語はもちろん話せない。「ミウラ、ミウラ、ジャパニーズ、ミウラ……」と連呼し、交換手も理解したのだろう。三浦専務の部屋につながった。

「専務、戦車一台、何とかなりませんか？」

——なんだコマサ、藪から棒に。

「実は」

説明をはじめると、それを途中でさえぎって、

——わかった、もういい。それ、面白いな。自衛隊も在日米軍も法律的な問題があって難しいだろう。出せるとしたらソ連だな。よし、ソ連から一台持ってきてやる。

「大丈夫ですか？」

思わず聞き返していた。

——大丈夫かとは何だ。最新鋭の戦車は無理にしても、払い下げの退役戦車ぐらいなら用意

してくれるだろう。放送権のことで、向こうのお偉いさんに会うから話をしておく。

さすが話は早かった。

「テツ、餅つこうか?」

受話器を置いて、コマサが言う。うれしいことがあると、決まって口にする言葉だった。

銀座に戦車を登場させるストーリーは、荒唐無稽と言えばそのとおりだろう。だが、現実に根ざしたロマンなどありはしない。現実から思い切り飛躍し、そこにどうリアリティをもたすことができるか。石原プロの挑戦でもあった。


その夜、石原邸でいつものように打ち合わせが始まった。

治療の甲斐があってか裕次郎の舌の病気も回復に向かっている。

戦車は三浦専務が請け負ってくれた。シノプシスもできている。秋の放送開始に向け、キャスティングや撮影スタッフなど準備が着々と進んでいた。製作発表会は七月二日とし、それに向けてセールスプロモーションを展開していかなければならない。

そこで頭を悩ますのが番組タイトルだ。

「これに決めたいんですが」

とプロデューサーの石野が一枚の紙を差し出した。『西部警察署』というタイトルに「コンクリート・ウエスタン」というキャッチコピーが添えられている。番組のコンセプトである「現代版ウエスタン（西部劇）」をもとに、石原プロとテレビ朝日が何度も会議を重ねて決定したものだ。

裕次郎が紙を手に取って、

「コンクリート・ウエスタンってのは威勢がよくっていいが、『西部警察署』ってのはいただけないな」

即座に言って、

「この〝署〟ってのがまどろっこしい。取っ払って『西部警察』でどうだい？」

提案した石野はもちろん、渡も、コマサも、金宇も〝目からウロコ〟の思いだった。

〈そういえば〉

と、渡が『大都会』のタイトルを決めたときのこと思い返す。作家の倉本聰が持参した企画書の題名は『夜の紋章』となっていた。

「テツ、どうだ？」

主演する渡に裕次郎がきいた。

「作品の内容と雰囲気がよく出ていると思います」

裕次郎と倉本を向後に見やりながら、渡が率直な意見を言った。

「うん。いいタイトルだ。さすが倉本っちゃんだ。映画なら」

映画なら――という言葉に、渡も倉本も怪訝そうな顔をして、裕次郎の言葉を待った。

「これは家で見るテレビ映画だ。茶の間にはいろんな人間がいる。男もいりゃ女もいる。子供も親父も、爺さんも、婆さんも、姉ちゃん、兄ちゃんもいる。男は別として、『夜の紋章』という言葉に誰もがピンとくるだろうか？」

ひと呼吸おいて、

「『大都会』ってのはどうだい？ この作品は夜の大都会で起こる人々の悲喜こもごもを描いているわけだろう？ 『大都会』というタイトルは『夜の紋章』にも通じるものもあるんじゃないか？」

「なるほど」

倉本が膝を叩くようにして、

「語感もいい。雰囲気もいい。『大都会』でいきましょう」

その場でタイトルが決まった。渡は裕次郎のセンスのよさに感心するばかりだった。

そして春、石原プロとテレビ朝日は満を持し、今秋から『西部警察』を放映するとメディアに発表した。放送時間は日曜夜八時のゴールデンタイム。NHK大河ドラマの独壇場で、他局にとって不毛の時間帯だった。それを承知で石原プロもテレビ朝日も、この時間帯にぶつけたのだ。

裕次郎は記者に問われて、こう言った。

「この時間帯のテレビ朝日の視聴率は4から6パーセントですよ。だけど、コンリートでも割れ目に種まきゃ、花だって咲く。僕たちはシリアスなドラマとか、シチ面倒臭いことはやらない。アクションで大河ドラマを叩きつぶせ——それしかない。教訓じみたことを刑事《デカ》が言ってもしょうがないんで、車ブッ飛ばしてスカッとする。それでいいじゃないか、ってね」

日本テレビは、人気だった『西遊記』のPARTⅡを同じ時間帯にぶつけてきた。日曜夜八時は激戦区となる。

「大河ドラマ上等、西遊記上等。負ける喧嘩はしない」

裕次郎は爽やかに笑った。

事態が急変するのは、その直後のことだった。

「えっ！　戦車は無理！」

受話器を持ったコマサが噛みつくように言った。

第一製作室に詰めている石原プロの社員たちが一斉にコマサを見やる。

「どういうことです？　ええ、はい、アフガン？　ニュースで知っていますが……はい、わかりました。考えてみます」

コマサが険しい顔で受話器を置くと、

「テツ、三浦専務からだ。ソ連が戦車は貸せないってよ」

「アフガンがどうかしたかい？」

「アフガニスタンをめぐって、西側とソ連がモメてるらしい。——お茶！」

若い社員に怒鳴ってから、

「ヤバイな」

「マスコミを通じて、『西部警察』は戦車の話題で持ちきりだよ」

「わかってる」

「戦車は無理になったと発表しよう。世間もわかってくれる」

「そうはいかない」

「コマサよ、だけど放っておけば、戦車の話は一人歩きするぜ。取材が殺到しているから、発表するなら早いほうがいい」

テツは潔《いさぎよ》い。一本気で竹を割ったような男だ。そこが素晴らしさだとコマサは思っている。

テツが戦国武将なら、戦に敗れたときはためらわず腹を掻《か》っ捌《さば》くに違いない。だが、俺は違う。戦に敗れても、腹など切らないし投降もしない。どうやって生き延びるか、そのことだけを考える。まして今回の戦車は石原プロの命運がかかっているのだ。メンツは一度、ツブしてしまうと、男の人生はその時点で終わる。嘲笑は死ぬまで――いや、死してなお人の口を通して生き続ける。石原プロは裕次郎という神輿《みこし》を担いでいるから存在価値がある。裕次郎に恥をかかせることは、石原プロをつぶすの同じだとコマサは考えるのだ。

「白旗を上げるわけにはいかない」

「どうするんだコマサ！」

「これから考える」

この年――昭和五十四年暮れ、『西部警察』の放送がスタートした二カ月後、ソ連軍がアフガニスタンに侵攻し、これが翌年七月に開催されるモスクワ五輪ボイコットへとつながっていくことになる。

コマサはすぐにテレビ朝日に三浦専務を訪ね、しかるべきルートを通じて陸上自衛隊に打診してもらった。だが、自衛隊の存在は憲法解釈によって是非があり、微妙な立場に置かれている。

「駐屯地もしくは基地内での走行撮影なら許可を出せます」

という回答が精一杯であった。テレビ映画の撮影の要請に応じて基地外――それも東京のど真ん中に戦車を繰り出せば国会で大問題になるだろう。

「そうか、戦車は無理か。じゃ、ストーリーを変えればいい」

状況を聞いて、裕次郎らしい屈託のない答えが返ってきた。

「自分もそう思います」

と渡が恬淡《てんたん》とした口調で応じると、

「ダメですよ」

コマサがムキになる。

「マスコミを通じて大ミエを切ってるんですよ。恥をかきます。恥をかけば『西部警察』はコケるかもしれません」

「だけどお前、手品じゃあるまいし、戦車をどこから出してくるんだ」

「出しません」

ひと呼吸置いて、

「借りれないなら作ります」

と真剣な顔で言った。

一瞬、裕次郎は言葉の意味が呑み込めなかったのだろう。渡の顔を見やってからコマサに向き直ると、

「お前は、たいていのことはやってのける。それは俺も認めるよ。だけど、コマサ、戦車をどうやって作るんだ。気持ちはわかるけど、こればっかりはいくらお前でも無理だよ」

苦笑いを浮かべると、

「三日間、お時間をください」

言い置いて、コマサが立ち上がった。

パトカーが出動した

翌朝、コマサは小松製作所の知人に電話を入れ、建設機械担当者にアポを取ってもらった。小松製作所とは撮影機材の協力依頼などでつき合いがあった。同社は建設・鉱山機械メーカーで、建設機械のシェアで世界二位のビッグカンパニーである。コマサはブルドーザーに目をつけたのだ。

午後、赤坂にある小松製作所本社を訪ねたコマサは、例によって、いきなり本題を切り出す。

「戦車を作っていただきたい」

「戦車？」

係長の肩書きを持つ担当者は目を剥いた。

「そうです、戦車です。撮影に使う」

「それでしたら小型トラックに板張りするとか、いろいろやり方があるんじゃないですか？　わざわざ作らなくても……」

「わざわざ作らなければならんのです」

さえぎって、

「本物の戦車を走らせます。キャタピラの音をダカダカと鳴らして、銀座のど真ん中を走らせる。だから本物でなくてはならない」

「ああ、『西部警察』ですね」

担当者はスポーツ新聞に載っていた記事を思い出したのか、笑顔を見せて、

「本物の戦車が登場するんでしたね」

「そうです。しかし」

と、ソ連から借りれなくなった経緯、自衛隊は法律的に貸し出せないということを手短に説明して、

「だから作るしかないんです」

と迫るように言った。

「確かにブルドーザーをベースにして、上部構造に大砲を造作すれば、見た目は戦車になりますが」

「設計と見積もりをお願いします。急いで」

「本気ですか？」

「私はいつも本気です」

こうして戦車の製作はスタートしたが、難題が持ち上がる。市街地での撮影のため、関係各所の許諾に動いていたスタッフから電話で緊急報告がきた。

――道交法に引っかかります！

戦車のキャタピラで市街地を走ればアスファルトが剥がれ、道路がガタガタなってしまうので警察の許可が下りないと、スタッフが早口で言った。

「道路がパーになったら造り直せばいいじゃねぇか」

――私に言われても……。

「わかった」

コマサはみずから警視庁に出向いて幹部に直談判したが、「道路がだめになる」という一点張りで、取りつく島もなかった。

戦車を走らせるのは無理だ。

いや、戦車が無理なのではなく、キャタピラで走らせることが無理なのだ。

コマサは発想を変えて係官に念押しする。

「アスファルトに傷がつかなければいいんですね？」

「それはそうだが」

「装甲車に変更します」

「装甲車？」

「キャタピラでなく、重機専用の巨大な４輪タイヤ——これを履かせます。これなら問題はないでしょう」

「それはまあ、そうだが」

「それで道路使用許可願いを出します」

こうして許可を取得したのだった。

山頂へ至る登山道は一つではない。障壁にぶつかったら迂回ルートを探し、縫うようにして山頂を目指す。登山もビジネスもそれは変わらない。コマサの執念だった。

それから四カ月後の昭和五十四年七月二日、東京・明治神宮外苑前にある聖徳記念絵画館前広場で、新番組『西部警察』の製作発表会が行われた。裕次郎と渡を筆頭に寺尾聰、舘ひろし、藤岡重慶、苅谷俊介、五代高之、庄司永建、古手川祐子、佐原健二、武藤章生、布目ゆう子ら大門軍団のレギュラーメンバーが勢ぞろいした。撮影に使用する捜査用の特別車輌やパトカー、オートバイのハーレーダビッドソンなど三十台以上が並ぶなかで、ひときわ目を引くのが、白い布に覆われた〝大きな塊〟だった。

「これから除幕式を執り行います」

という司会者の言葉で、裕次郎と渡が紐を手にし、力強く引いた。白い布がすべるように落ち、装甲車が威容をあらわす。詰めかけた報道陣、そして足を止めて見物していた群集からどよめきが起こった。

装甲車TU-89355──。当時の貨幣価値で五千万円を投じた通称「レディーバード」のお披露目であった。

翌日、メディアは、『強力裏番組をぶっ飛ばす』という大見出しで、こう報じた。

《重量約二〇トン。乗車定員は三人、最高速度一二〇キロ、航続距離一〇〇〇キロ、全長七・六メートル、高さ三・三メートル、幅三・〇メートルという本格的なものだ。色は草色、装備は125ミリ戦車砲一門と20ミリ、70ミリの機銃が各一門。左右には三門の煙幕砲までそなえつけてある。外観は鋼鉄製の装甲車が、なんと空に向かって125ミリ戦車砲をぶっ放した。〝ドカーン〟という音が神宮の森に響き渡る。東京サミットの期間中なら、この音にパトカーがあっちこっちからかけつけたに違いない》

砲撃はもちろん空砲だが、まさか神宮外苑でブッ放すとは、メディアは思いもしなかったことだろう。これはコマサのアイデアで、「お前らな、花火はドカーンという音があるから、見物客が〝おおっ〟っとなるんだ。レディーバードだっておんなじだ」――この一言で決まったのである。通行人が足を止める。絵画館前は人々でごった返し、異様な熱気に包まれる。インパクトはすさまじく、番組に対する期待はさらに高まった。

〈さすが石原プロだ〉

と、日本テレビの井原局長は唸っていた。番組宣伝のため、何か仕掛けてくるだろうとは思っていたが、ここまでやるとは……。「いつでも帰ってきてくれ」と告げたが、ひょっとしてそれはあり得ないのではないか。石原プロは『西部警察』を成功させる。裕次郎、渡、コマサの三人の顔を思い浮かべながら、井原はそう思った。草創期から日本テレビを牽引してきた企画マンの直感だった。

『西部警察』の記念すべき第1・2話「無防備都市―前・後編―」（脚本・永原秀一／監督・渡辺拓也）は、製作発表記者会見の3日後、1979年7月5日にクランクインした。東京・銀座のど真ん中に突如装甲車が出現するシーンは、まるで白昼夢のように鮮烈なイメージで視聴者を圧倒したが、その画面の裏では出演者・スタッフ一同が凄絶なバトルを繰り広げていた。

霞が関の国会議事堂前を、テロリスト・グループが米軍基地から強奪した、最新鋭の装甲車TU-89355、通称・レディーバードが疾走するシーン。スタッフは警察に道路使用及び撮影許可を取っている。

親しいスポーツ紙の記者から石野プロデューサーは問われた。

「裕次郎さんのお兄さんの石原慎太郎さんが衆議院議員だから、そっちから手を回したんですか」

石野は苦笑しながら答えた。

「そうしてもらえたらどんなに楽だったことか。でもね、職権乱用で咎められてしまうのでそんなことはお願いできないよ」

「じゃ、たいへんだったでしょう」

「石原プロ製作スタッフで、警察署や役所に一件一件頭を下げ、事情を説明して許可をもらったんだ。そりゃもう、たいへんな努力でしたよ」

いざ、装甲車が議事堂の前を走り始めると、赤い回転灯の明滅とサイレン音の雨あられ。本物のパトカーが大挙して現れた。スタッフの怒声が飛ぶ。

「撮影許可は取ってるよ！」

と、パトカーの窓から首を出した警官も怒声で答える。

「本物の戦車を走らすやつがあるか⁉」

「本物じゃない、撮影用に作ったんだ‼」

パトカーを止めて降りて来た警官たちにスタッフが状況を説明すると、

「もっとハリボテのオモチャみたいなものだと思っていた……こんなのとわかっていたら許可しなかった」

と呆れたようにつぶやく。

「とにかくこっちは許可をもらってるんだから！」

スタッフと警官隊との間で怒声が飛び交い、まるで60年代安保闘争のような小競り合いが続く。その間も撮影用のカメラは回りっぱなし。結局、その間に装甲車が議事堂の前を走るシーンは無事撮り終わり、なおかつスタッフは、小競り合い中の警官隊とパトカーもカメラに収め、エキストラカットとして使用した。

また、装甲車が倉庫街を走り、大門団長提案のダイナマイト攻撃を受けるシーンは東京・築地で撮影されたが、大量の火薬を使用し、危険を伴うため人気のない早朝に行われた。だが、それが裏目に出た。

築地といえば早朝こそがかき入れ時。撮影準備を進めるスタッフたちの目の前に、仕入れ、搬入・搬出のトラックが続々と現れた。車止めを担当していたスタッフが1台1台に事情を説明し、頭を下げ、1カット1カットを撮り終えるまで待機してもらった。築地を訪れるトラックの運転手は気性の荒い者が多い。

「いつまで待たせるんだ!」「商売の邪魔するな!」「バカヤロー! 別のとこでやれ!!」――さまざまな罵声が頭を下げるスタッフの頭上に浴びせかけられる。撮影は押し、やがて朝の競りの時間が本格的に始まった。当然トラックの数は増し、当初予定していた人員では足りず、スタッフ総出で車止めにあたった。録音担当の佐藤泰博、照明助手の椎野茂まで駆り出され、佐藤は土下座までしてトラックを止めた。

それ以降約五年もの長きにわたり、同じ苦労をほぼ毎日体験する日々が訪れるとは、この時点で関係者の誰一人として思っていなかったことだろう。

当時の新聞・雑誌にはいずれも「全26回放送予定」と書いてあった。

昭和五十四年九月十一日、第四十九話となる『大都会PARTⅢ』の最終回「黒岩軍団抹殺指令」が放送され、トータルで三年続いた『大都会』3部作が完結した。平均視聴率25パーセントという高視聴率をあげ、石原裕次郎と石原プロモーションのテレビ映画への挑戦は、テレビ史に大きな足跡を刻んだ。

それだけに、ファンも、世間も、メディアも、来月十月十四日からテレビ朝日で放送が始まる新シリーズ『西部警察』に注目した。

戦車で勝った

十月十四日午後八時、テレビ朝日系列で『西部警察』がスタートした。

ゴールデンタイムと呼ばれる日曜のこの時間枠はNHK大河ドラマとぶつかり、「魔の時間帯」として民放各局は敬遠した。大河ドラマは石坂浩二が源頼朝を演じる『草燃える』で、九カ月前の一月七日から放送を開始。視聴率は20パーセント台をキープし、時に30パーセントを超える安定した人気を誇っている。「コンクリート・ウエスタン」と銘打った『西部警察』がどこまで食い込めるか。この時間帯のテレビ朝日の視聴率は４〜６パーセント。二ケタの視聴率が取れれば大勝利と言ってよかった。

各局が注視するなか、『西部警察』が放送される。西部警察署捜査課の部長刑事・大門圭介（渡哲也）が、舘ひろし、寺尾聰、藤岡重慶、苅谷俊介、五代高之ら大門軍団を率い、同署捜査課長・木暮謙三（石原裕次郎）とともに凶悪犯罪に立ち向かっていく。勧善懲悪のわかりやすい構図の上に、テロリストがジャックした米軍のTU‐89型装甲車――通称「レディーバード」が白昼の国会議事堂前、そして銀座にその威容をあらわす。鎌倉時代を舞台とする『草燃える』に対して、『西部警察』は現代アクション娯楽ドラマで対抗する構図になった。

大門団長役の渡哲也をはじめ、寺尾聰、舘ひろしら出演者全員が吹き替えなしのスタントに挑み、なんとか第1・2話の撮影が終わった。

結果、『草燃える』が25・5パセーントとこれまでどおりであったのに対して、『西部警察』18・8パーセントという予想を裏切る高視聴率を取った。テレビ朝日が同枠で放送してきた番組の実に3倍以上の視聴率であった。翌週の『草燃える』は討伐シーンの山場があるため『西部警察』の苦戦が予想されたが、これも大河ドラマの31・7パーセントに対して、『西部警察』は先週に引き続いて18・4パーセントを叩き出したのである。

テレビ朝日、そしてプレハブ建ての石原プロ製作室で歓声があがった。スポンサーも、かねて裕次郎のCM出演で親交のあった宝酒造や、『栄光への5000キロ』でタイアップした日産自動車などのほか、東急エージェンシーの協力を得て東芝、出光など多くの企業がついている。石原プロが目指すテレビ界の新しいビジネスモデルは、こうして華々しく船出したのだった。

裕次郎はテレビ画面に目をやったまま、自分に言い聞かせるかのようにつぶやく。

「子供の発想が大事だと思う。それを大の大人がマジメな顔して何千万円もかけて仕掛けをつくってしまう。人に言わせれば〝アホか〟ということになるだろう。だけど、それがロマンであり、この仕事の面白さじゃないか。仕掛けだけでなく、ビジネスの面でも、番組の内容でも、とにかく人の考えないようなことを我々はやっていく」

そして、渡とコマサに向いて、

「為《な》せば成《な》る——素敵な言葉じゃないか」

笑顔から白い歯がこぼれるようだった。

『西部警察』では、派手な爆破や銃撃戦に加え、カーアクションも大きな魅力の一つだった。『大都会』では、日本で最も有名なカースタントマン三石千尋を得て『西部警察』では三石に次いで有名な実力カースタントマン大友千秋を得た。彼らがやってのけた激しいカースタントに本場ハリウッドの映画関係者らも瞠目《どうもく》した。

『西部警察』は快調に飛ばした。営業面でコマサが飛びまわり、現場は渡がまとめた。裕次郎は、そこにいるだけで万鈞《ばんきん》の重みがあり、出演俳優やスタッフの志気は上がる。

そんな裕次郎を表して、コマサが渡にこんなことを言ったことがある。

「石原裕次郎のことを大スターと呼ぶけど、俺は違うと思っている。スターってのは夜空に輝く星だろう？　満天を見上げりゃ、数え切れないほど星が輝いている。裕次郎は星じゃなくて太陽なんだ。そこにもいる、ここにもいるなんて人じゃない。たった一つしかない太陽だな。真っ青い空を仰いでみろよ。眩しすぎて、誰だって目を細めてしまう。それが石原裕次郎なんだ」

渡は小さくうなずいたものだった。

その渡が、『西部警察』では撮影スタッフの前面に出て牽引した。寡黙で、出しゃばることを嫌う男だが、『西部警察』の成否に石原プロの将来がかかっている。その自覚と責任感が渡を駆り立てるのだろう。「大門圭介」を熱演するのはもちろん、演技はもちろんだが、撮影現場の〝軍団長〟として睨みをきかせた。

「専務、〝団長を探せ〟って合い言葉を知ってますか？」

昼休み、スタッフの一人が〝ロケ弁〟をパクつきながらコマサに話しかけた。

「なんだ、そりゃ？」

「渡さんですよ。撮影開始時間の二時間前には現場入りしちゃってましてね。自分らの目のつかないところに車を停めて待機してらっしゃるんですよ」

「そりゃ、気合いが入ってるな。『大都会』のときは時間どおりか、せいぜい小一時間前だったろ」

「はい」

「なんで〝団長を探せ〟なんだ？」

「渡さん、気をつかう人ですからね。目のつかないところに停めるのは、撮影開始まで、自分が来ていることをスタッフに知らせないようにするためでしょう。だからスタッフも渡さんの気持ちを汲んで、気がつかないふりをしているんですが、一応、渡さんの所在を確認しておかないと、失礼があったら困りますから」

「それで〝団長を探せ〟か」

コマサが愉快そうに笑った。

あとで裕次郎にこの話をすると、

「テツらしいな」

と感心しながら、主演者にして撮影の統括責任者であるテツがどこかで待機しているという思いは、スタッフに緊張感を生み、この緊張感が結束力につながる。テツのことだから、そこまで意識してやっているのだろうと裕次郎は思った。

「そう言えば、テツのやつ」

とコマサがニヤニヤしながら。

「きょうロケ現場で若い女性ファンから〝哲ちゃ〜ん〟て黄色い声を出されたら、〝ハ〜イ〟って手を振ってましたよ。精一杯のサービスなんでしょうが、テレ屋のテツが変わったもんですな」

「いや、変わっちゃいないさ。無理して頑張ってくれてるんだろう」

「スタッフの若いのが煙草の吸い殻をポイ捨てしたらテツが怒りましてね。〝ファンの前で何やってんだ！〟って怒鳴りつけて、すぐに拾わせたんですけど、あとでその若いのを陰に呼んで、〝俺たちは石原プロの看板を背負《しょ》ってロケしてるんだ〟って説教していましたよ」

「空手二段で、大学時代は鳴らした猛者だからな。若いコもこたえただろう」

裕次郎が笑った。

渡哲也という男

「ほかのプロダクションが十やるなら、ウチは百やる」

これが、渡哲也を筆頭にした石原プロの精神だった。

「十やるなら、十やればいいや」

というようなことがあれば、他人様の前で恥をかくことになる。

時には渡のビンタも飛んだ。

〈殴られてその理由がわからないようなヤツは、ウチの会社には一人もいない〉

それが渡と裕次郎の考えだった。

一つのお仕置きというのか、一人ひとりの自覚をうながし、組織をまとめるためには、非常に意義のある方法だろう。

殴るという行為は、決して野蛮じゃない。その立場、立場で部下を的確に注意と喚起をうながす行為だと二人は思っている。

その役目──気の進まない役目を、石原プロでは、渡がやってくれていた。

では、どんなときに渡はビンタを張るか。

たとえば、こんなことがあった。晩秋の北海道に、ロケに行ったときのことだ。

オロフレ峠に登って、そこで裕次郎がコーヒーを飲むシーンを撮る予定だったが、担当スタッフがコーヒーカップを忘れてしまったのだ。

担当者は青くなった。麓まで行って帰ってくるのに、たっぷり三時間はかかる。貴重な時間が無駄になる。けれど裕次郎がここでコーヒーを飲まなければ撮影は終了しない。別のスタッフが麓に車を飛ばした。

晩秋とあって、峠の寒さが身にしみてくる。裕次郎をはじめ渡や俳優は、じっとカップの到着を待つ。スタッフたちの熱気が次第に冷めていくのがよくわかった。いいものを撮ろうと意気込んでいればいるほど、反動も大きい。

「申し訳ありませんでした」

いたたまれなくなって、カップを忘れてきた担当者が平身低頭に何度も謝る。

間違いは誰にでもあることだ。彼だって、好きで忘れてきたわけじゃない。

「ドンマイ、ドンマイ。次から気をつけろよ」

と、笑って赦《ゆる》すこともできる。

だが渡は違った。

満座の中で、担当者にビンタをくらわした。スタッフたちの熱気を冷《さ》めさせないために、彼に喝をいれた。それが渡の意図であることが、裕次郎、コマサにはよくわかった。

「それが自分の役目です」

と、あとで渡は言った。

憎まれ役だ。いい役回りじゃない。だけど渡は、それが石原プロにおける自分の役目だと言い切り、それを敢然と実行してみせた。

〈たいした男だ〉裕次郎は感心した。

本来、渡は感受性がとても強い人間だ。だから自己嫌悪に陥ることもある。

オロフレ峠の撮影から宿に帰った夜、テツは飲めない酒を一人で黙々と飲んでいた。

〈渡哲也は、そういう男なんだ〉

裕次郎は改めてこの男と出会ったことに誇りを持った。

渡哲也という男は、1＋1は2でなければ納得しない。「私《し》」より「公《こう》」を第一義とする。人に迷惑をかけることを何より嫌悪する。この一本気の性格を理解さえしていれば、打算も駆け引きもない人間なので、なんともつき合いやすい。だが「この男はわがままを言っている」と判断すれば、仲間であっても許さない。そういう激しさがあった。

こんなこともあった。

現場の統括責任者が死守すべきことは、撮影スケジュールである。このことで、渡はレギュラー出演している苅谷俊介に激怒した。捜査上のミスを犯した苅谷が、上司の渡に「拳銃をよこせ」と言われるシーンで、どういう差し出し方をするかをめぐって監督と意見が衝突したのだ。

「思い入れを強調すべきだ」

と主張する苅谷に対して、

「いや、さりげなくだ」

と監督は譲らない。

苅谷が頭にきて、

「考えてみりゃわかるだろう。拳銃は刑事《デカ》の命だぜ。その命を差しだすということは、本人にしてみれば刑事生命を絶たれるということなんだ。だから、そうした意味をこめた演技をすべきだろ！」

「いえ、そうじゃなくてスッと渡してください」

「だから、それはちがうと言ってるだろ！」

苅谷が食ってかかったところで、

「もういい！」

渡が激怒し、背を向けると足早にロケバスにもどってしまったのである。プロデューサーの石野があわてて取りなしに行ったが、渡は降りようとしなかった。

苅谷は苦学して東宝芸能学校演技科を卒業後、日米合作映画『トラ・トラ・トラ！』の助監督を経て昭和四十六年、渡主演の松竹映画『さらば掟』で映画俳優デビュー。これが縁で石原プロに入った後輩社員だった。角刈りの大柄な体で、考古学のアマチュア研究家としても知られている。渡は五歳年下のこの役者を可愛がっていただけに、撮影進行の足を引っ張る形になった苅谷に怒ったのだ。手を出さなかったのは、「苅《かり》」と親しみをこめて呼び捨てにする仲であったからだろう。

演技プランを戦わすのはいい。渡はそう思っている。役者と監督の真剣勝負において両者がぶつかることは当然ある。渡自身には、それはない。シナリオを読んで自分なりにキャラクターを決めると、そのキャラクターでしか演技をしないからだ。「このキャラクターは涙なんか見せるはずがない」と決めたら、泣くシーンはいっさいNG。シナリオに「そこで泣く」と書いてあれば、

「俺はこの役はやらない」

最初からハッキリと出演を断ってしまう。

だから演技プランをめぐって監督とぶつかることはないのだが、自分の場合はともかく、ほかの役者が激論することには理解を示していた。ただし、「撮影時間に余裕のある場合は」という条件がつく。製作スケジュールがタイトなテレビ映画シリーズでそれをやるのは、渡の目には役者のわがままと映ったのだった。

冷静になった苅谷はすぐさまロケバスに走った。

「すみませんでした。自分の演技のことしか考えないで、皆さんにご迷惑をかけてしまいました。申し訳ありません。もう一度、来てください」

頭を下げて詫びると、

「わかった」

とだけ告げて、渡は現場にもどった。反省して詫びている者に追い打ちをかけない。これが

渡の流儀だった。撮影は何事もなかったように再開された。

苅谷が素直に頭を下げたのは、渡の性格をよく知っていたからだ。厳格な態度は責任感によるものであって、渡自身は〝情《じょう》の人間〟である。

苅谷は渡に恩義があった。

あれは昭和五十三年の暮れのことだった。『大都会PARTⅢ』の第二十四話「冷血」の撮影中、苅谷の妻が卵巣嚢腫《らんそうのうしゅ》で入院することになった。苅谷は脇役として地歩を占めていたが、ギャンブルにのめりこんでいたため給料は右から左。生活は〝自転車操業〟だった。そこへ妻の入院である。苅谷は頭を抱えた。この日、撮影は東京・五反田の市場の屋上で行われた、犯人役ゲストのガッツ石松を相手に立ち回りのシーンを撮ったが、頭の片隅にお金のことがこびりついていて、演技に身が入らなかった。

そんな苅谷を、渡はじっと見つめていた。

「苅《かり》、ちょっと」

撮影が終了してから、渡が苅谷を呼び止めると、

「お見舞いには花が普通なんだけど、失礼かもしれんが取っとけ」

厚みのある封筒を差し出した。

渡が立ち去った後に開けて見ると十万円——当時、大学卒の初任給ほどの現金が入っていた。妻が入院することは伏せていたが、どこからか渡の耳に入ったのだろう。苅谷は屋上の手すりを握って男泣きしたのだった。

その苅谷に対しても、撮影進行のさまたげになるような〝わがまま〟は決して許さなかった。「私《し》」より「公《こう》」。渡の信念はいささかも揺るがなかった。

規律の徹底の一方、スタッフたちの団結と意思疎通、そして絆を深めるため、休日にスタッフたちを自宅に招き、麻雀大会をしたり、食事をご馳走したりした。あるときなど七十人くらいが集まり、自宅に入りきれず、近くの中華料理店を借りたこともある。

石原プロ社員の峰竜太は、〝ひょうきん者の刑事〟として『西部警察』でお茶の間の人気者になったが、渡の人物評について取材で問われると、

「仕事に関しては、それはシビアな人ですよ。存在感があって、現代的な〝明治の男〟という感じがします。かといって、けっして堅いばかりではない。女の話とか助平な話もしますしね。いつだったか、いつも難しい顔しているから、何考えているんですかと聞いたことがあるんです。そしたら〝何も考えていない〟って……」

と語って笑いをとっている。

一人で何時間も焚き火をじっと見つめている渡がいて、心を鬼にしてスタッフに鉄拳を振る

う渡がいる。そして、時に垣間見せる稚気……。どれもが素顔の渡だった。

その渡に憧れて参加したのが舘ひろしだった。

ワイルドでクールな刑事役の俳優を探していた石野プロデューサーは、東映で活躍する舘ひろしに白羽の矢を立てた。

ロックグループ元クールスのボーカリストとしても人気があった舘はたちまちのうちに『西部警察』によってスターの座を確実にした。

一度殉職という形で『西部警察』を離れたものの渡とコマサの強い説得によって復帰。以後石原プロの中心的若手俳優として貢献していった。

小林正彦《コマサ》という男

「コマサ」という呼び名は、「小林正彦《こばやしまさひこ》」の姓と名を縮めたのが発端だが、いつしか清水次郎長を支えた「小政」のイメージで語られるようになる。渡と同様、コマサはそれほどに〝裕次郎親分〟に心酔していた。

昭和十一年一月一日、三重県四日市に生まれる。生年月日はすべて「一」が並ぶ。そのせいでもあるまいが、「なんでも一番でないと気がすまない人」という言葉が、何よりコマサの人となりをあらわしている。

高校卒業後、コマサはYMCAホテルマン専門学校を出て、昭和三十二年、東京日比谷にあった日活ホテルに就職する。コマサの弟も兄の影響を受けて昭和二十九年にマリリン・モンローが宿泊するなど名門として知られた、赤坂のホテルニューオータニにホテルマンとして入社している。

高度経済成長の波に乗ってホテルは大繁盛で、ベルボーイやポーターをしていたコマサは面白いようにチップが入ったが、バクチ好きで、勤務が明けると客相手にトランプ賭博にふけっていた。

就職して二年目の夜のことだった。宿泊客の外国人レスラーとホテル内でトランプ賭博をやっていると、外国人レスラーが酔っぱらって暴れはじめた。これに血の気の多いコマサが頭にきて箒《ほうき》の柄で殴りつけたのである。コマサの父親は元職業軍人で、スパルタ教育の一環として少年時代は柔道を習わされており、ケンカには多少の心得があったとはいえ、相手は外国人レスラー。それでもカッとくればお構いなしで突っかかっていく。コマサはそういう男なのだ。

理由はどうあれ、従業員が客を殴りつけたとあっては弁明の余地はない。日頃から乱暴な言動に眉をひそめていた日活ホテルの上層部は、

「小林はホテルマンには向かない」

として、調布にあった日活撮影所に移動させたのである。日活ホテル勤務は日活グループのエリートコースだから、これは左遷ということになる。

撮影所でもコマサの評判は知っているので、

「お前みたいなデキの悪いやつは地方に行って、すこし勉強してこい」

と言われ、いきなり地方ロケの担当からスタートするが、すぐにその才能を発揮して製作スタッフから一目置かれるようになる。

舛田利雄監督で、小林旭主演『対決』のロケが利根川で行われたときのことだ。子役が舟から川へ飛び込むシーンで、怯えてしまった。このままでは、わざわざ千葉県の流山まで来ながら撮影は中止にせざるを得なくなる。

「困ったな」

舛田監督が頭を抱えていると、同じ船に乗った演技事務のコマサが、

「自分にまかせてください」

と言うなり川に飛び込み、子供が乗った小舟に泳いでいって、

「おい、坊主！　おじさんがここにいるから大丈夫。飛び込んだら、おじさんがすぐ抱きとめてやる！」

怖がって足をすくませていた子役がコクリとうなずいて立ち上がると、

「監督、カメラ回せ！」

と叫ぶや、自分はカメラに映らないよう川のなかに潜ってスタンバイしたのである。

こうしたコマサの機転と行動力が何度か続くうちに、

「あの男は使える」

という評判になっていくのだ。


裕次郎が、「コマサ」という名前を耳にするのは、コマサが撮影所に移って二年後の昭和三十六年の春先のことだった。

この年の二月十四日、将来を嘱望された若手人気俳優の赤木圭一郎が、日活撮影所内でゴーカートを運転していて激突する。赤木は撮影所近くにある慈恵医大第三病院の二階十七号室に救急搬送されるのだが、このとき撮影スタッフとして赤木の担当をしていたコマサが、面会謝絶の病室の前で寝ずの番をした。撮影所の上司から「誰一人病室に入れてはならぬ」と命令されていた。

日活撮影所の山崎辰夫所長がすぐに駆けつけてきたが、

「入ってはいけません！」

コマサがドアの前に仁王立ちになった。

「俺は所長だぞ！」

「駄目です」

「バカ野郎！　お前は立場がわかって言ってるのか！」

「いくら所長でも、駄目なものは駄目です」

コマサは頑として拒否した。

赤木は一週間後に亡くなるのだが、病室をガードしていた男のことが日活幹部の間で問題になった。

「誰だ、ヤクザなんかを置いたのは！」

撮影スタッフには知られていても、コマサは幹部たちにはまだ無名で、なんとヤクザに間違えられたのである。

この話を裕次郎が耳にするのは、志賀高原スキー場で足を複雑骨折して入院中の慶應病院だった。

「面白そうなヤツがいるな」

と興味を持ち、退院すると、裕次郎のほうからコマサに会いに足を運んだのである。会った瞬間、裕次郎に感じるものがあったのだろう。

「どうだい、これからは俺についていてくれないか」

「僕がですか」

「そうだ、やってくれるかい」

日本映画界を背負って立つスーパースターの石原裕次郎が、無名の若いスタッフにみずからお願いしているのだ。天にも昇る思いであった。裕次郎に自分ごときがつくことは決してあるまい――そう思っていたコマサがどれほど感激しただろうか。こうした経緯があって、裕次郎の作品のすべてにつくことになる。縁の不思議と言ってしまえばそれまでだが、外国人レスラーをブッ叩いたことによって、コマサは運命の糸に引かれるようにして裕次郎と出会ったことになる。


なぜ裕次郎が自分に声をかけてくれたのか、コマサにはわからなかった。

〈声がでかいからかな〉

それが最初の思いだったが、声がでかいからといってわざわざ裕次郎がやって来ることはないだろう。

〈動きがすばしこいからか？　体力があるから？　あるいは多少のことでは物怖《ものお》じしないので、度胸が買われたのかな……〉

そんなことを考えたが、「裕次郎組」は監督以下、撮影も照明も優秀なスタッフで固められていた。裕次郎の声がかからなければ、コマサのような駆け出しがスタッフに加わることなど考えられなかった。嬉しい一方、不安でもあった。

裕次郎の担当になったコマサは、根限り尽くした。裕次郎が飲みに行くと、真冬でも店の外に立って待った。

「中に入ってくるように裕次郎さんがおっしゃってるわよ」

ホステスが呼びにきても、

「自分はここにいます」

恐い顔をして言うので、ホステスはそれ以上は勧めることができず、そそくさと引っ込んでいった。自分ごときが——そういう思いがコマサにはあった。渡もそうだが、任侠気質のある男は、惚れた男のために命を懸けて尽くすという美学がある。理屈ではない。これは生き方の問題だった。

二歳しか違わなかったが、裕次郎はコマサを気に入り、信頼し、そしてなにくれと頼りにした。裕次郎は高級外車で撮影所に乗りつけるが、帰るときはコマサが運転する中古のブルーバードの助手席に乗り込んできて、二人で映画のことや世間話を裕次郎は楽しみにしていた。

コマサは緊張し、「はい、はい」と畏《かしこ》まって相づちの返事をするばかりで、自分の意見を口にすることなど考えられないことだった。

　コマサが本気で裕次郎に惚れていることを周囲が目の当たりにするのは、裕次郎が酒の飲み過ぎで倒れたときのことだ。地方ロケの最中でも毎晩、スコッチを一本明けていた。撮影の最中、体調をくずして病院にかつぎ込まれる。このとき裕次郎は酒をやめ、健康を回復するのだが、検査した医師が、

「石原さん鉄の肝臓ですね」

　と持ち上げたことから、再び飲酒が始まる。

　監督も、撮影所の幹部も、

「酒はまだ控えたほうがいいんじゃないですか」

　と遠回しに言うばかりで、天下の裕次郎に面と向かって注意できる者など一人もいなかった。裕次郎は調子に乗って飲み歩いた。その夜、銀座のクラブでのこと。コマサが店に入っていくと、真っ直ぐ裕次郎のテーブルに向かう。

「コマサ、座れよ」

　と笑みを見せて、

「この男はウーロン茶だ」

　とホステスに告げたときだった。

　コマサが立ったまま無言でスーッと手を伸ばして、裕次郎のグラスをゆっくりと取りあげる

と、テーブルにもどした。座に緊張が走る。居合わせた日活関係者たちは身じろぎもしない。裕次郎に意見する者すらいないなかで、いくら裕次郎に気に入られているからといって、一スタッフにすぎないコマサには出過ぎだことだった。

裕次郎がコマサの顔を見上げた。コマサが悲しそうな顔をして、ゆっくりと首を横に振る。

裕次郎は小さくうなずくと、

「そうか」

と、つぶやくように言って腰をあげたのだった。

裕次郎に無言で意見したコマサの度胸が撮影所で評判になったが、これは度胸ではない。裕次郎の健康を心配するコマサの、やむにやまれぬ気持ちがそうさせたのだった。そして、裕次郎はその気持ちにこたえた。男同士の気持ちが通じ合うのに言葉はいらない。百万言を擁しても意が通じない相手もいれば、かつて渡がそうであったように、日活に挨拶に行ったときに裕次郎が立ち上がって挨拶した、たった一つの動作で、惚れ込むこともあるのだ。

コマサはやがて、石原裕次郎の俳優担当として日活で辣腕《らつわん》をふるっていった。俳優とのギャラ交渉、撮影スケジュール、ロケ作業など、監督の下でもっとも苦労させられる仕事だが、押しと駆け引き、人情、気配りなど、人の心に通じたコマサの得がたい資質は、ここでさらに磨かれていくのだった。

石原裕次郎の哲学

裕次郎を頂点に戴き、渡とコマサが両輪となって牽引し、俳優もスタッフも一丸となって突き進んでいく。『西部警察』のヒットはストーリーの面白さや爽快感、ダイナミックな仕掛けにあることは言うまでもないが、石原プロ以外で、これだけの作品が撮れるだろうか。「石原軍団」と呼ばれる〝鉄の団結〟があって初めて成し得るものだった。

石原プロは男の世界だ。下は上の者に逆らうことは許されない。だが、ヤクザ組織ならいざしらず、男の世界は本来、信と義の上に成り立っているものであって、強制されるものではない。理不尽な人間関係を強いられれば、さっさと辞めていくだろう。そういう意味で、石原プロには落伍者はいなかった。

石原軍団の信頼関係とは、「みんな平等」という裕次郎の人生哲学にもとづく。

昭和四十五年、映画『富士山頂』を石原プロで撮ったときのことだ。宿泊は登山客が利用する山の旅館なので、ホテルのように各部屋に風呂はついていない。大浴場といっても小さなもので、二十人ぐらいずつが順番ではいる。裕次郎は特別扱いを嫌うので、出演者やスタッフといっしょに入るのだが、身体を洗ったあと、なんと下着を手で洗いはじめたのだ。

〈すげぇ！　天下の石原裕次郎が自分でパンツを手洗いしている！〉

これには居合わせた人間たちが驚いた。裕次郎クラスでなくとも、ある程度の大御所になれば、付き人が背中も流せば洗濯もする。それが当たり前の世界であり、裕次郎もそうしているものと誰もが思っていた。「社長が自分で洗濯」――という話はたちまちロケ隊に知れ渡り、この日を境に、幹部スタッフたちも入浴のときに下着を洗うようになったのである。

「そう言えば、こんなことがあった」

とスタッフたちの語り草になっているのが、無精で知られる若手カメラマン。パンツを履いたまま石鹸をつけ、シャワーを浴びながらゴシゴシやっていた。

「お前、何やってんだ」

と裕次郎がきくと、

「面倒くさいので、こうやってパンツを洗っているんです」

「しかし、それじゃ、汚れがよく落ちないだろう」

「いえ、大丈夫です」

と言うなり、泡だらけになったパンツを脱いで、それを手ぬぐい代わりにして身体をこすると、

「どうです、社長。これで身体もパンツも両方きれいになりました」

ニヤリと笑い、裕次郎は唖然としたという。

裸のつき合い――それが石原プロであり、裕次郎以下、入社したばかりの若手スタッフもすべて平等だ。社長が百円のコーヒーを飲めばスタッフ全員、同じ百円のコーヒーを飲む。地方ロケの宿舎もそうだ。地方に行っても、スタッフは安旅館で俳優は一流ホテルというようなことはない。泊まるホテルも一緒なら、食事も同じ。すべてが平等なのだ。夕食は午後六時と決まれば、十分前には必ず全員が大広間に一堂に集合する。八十人からいるスタッフの一人が遅れても食事は始まらない。この濃密な連帯感が作品を作りあげていく。裕次郎の信念であり、それを具体的な行動に移していくことが渡とコマサの使命であった。

あるロケ先で、ゲスト出演した売れっ子の男性俳優が、

「食事は自分の部屋でとるので、運んでもらってくれないか」

とスタッフに言ったことがある。

それを聞いた渡は、男性俳優の部屋に行くと、

「ウチは、みんなでいっしょにワイワイ言いながら食事するしきたりになっています。それにしたがっていただきたい」

丁重な言い方だったが、渡の凄味に男性俳優は思わず、「はい！」と姿勢を正して返事していた。男性俳優に悪気はなく、食事は部屋でとるものと思っていただけに、「石原軍団」のあ

りようを目の当たりして、驚いたり感心したりしたのだった。

そんなコワモテの一方で、ボスの裕次郎はゲスト出演者に対して、こんな細やかな気づかいをする。悪役で光る演技を見せる八名信夫は、自分のシーンの撮影が長びいたため、昼の弁当を受け取るのが遅くなった。

「すみません、弁当が冷めちゃいました」

スタッフが詫びて手渡す。

「いいえ、いいんです」

礼を言って受け取り、座り場所を探していると、

「八名さん」

と裕次郎が声をかけ、

「こっちの弁当のほうが温かいから。こっちを食べてください」

そう言って差し出した。

「とんでもない」

あわてる八名に裕次郎は言った。

「僕は冷たいほうが好きなんです」

「そうおっしゃるなら」

八名は裕次郎の親切を無にしてはいけないと思い、ありがたく温かい弁当を頂戴した。このときの感激を、八名はいつまでも忘れなかった。


ちなみに男集団の石原プロには、女優は一人も所属していない。かつて日活から石原プロに移籍した浅丘ルリ子や何人かがいたが、数年してそれぞれ独立していった。男性路線優先の石原プロでは、女優は活かしてもらえなかったのだ。

石原プロもそのことは承知していて、それ以後、女優は一人も所属させず、男たちだけの城にしてしまった。

「どうして?」

遊びにきたスポーツ新聞の記者が茶飲み話に問うと、

「ウチの連中はさ」

と裕次郎が第一製作室を見回して、

「みんな人がいいんだ。ほら、テツやコマサを見てよ。男にはバンバン言うでしょう。コマサに怒鳴られたら若い連中は縮み上がっちまう。テツなんか手が先だからね」

ニヤリと笑ってから、

「ところがテツもコマサも女には何も言えない。怒鳴るどころか、注意も説教もできない。しくしく泣かれでもしたら、もうそれだけでお手上げになっちまう。女は理屈より感情でものを言うからね。テツとコマサが切り盛りするウチの会社じゃ、女優さんなんか引き受けられるわけがないじゃない」

裕次郎の答えは明快だった。

『西部警察』の快進撃を複雑な心境で見ていたのが、日本テレビ第一制作局長の井原高忠だった。井原個人としては〝裕ちゃん〟に拍手を送りたいところだが、組織人としては忸怩《じくじ》たる思いでいた。

〈『大都会』を手放したのは読みが甘かったのかも知れない〉

このことが、どうしても引っかかった。ゴールデンタイムにテレビ朝日でやるのはリスキーで、そのうちウチに帰ってくるという思いは、考えてみれば、そうあって欲しいという願望に過ぎなかったのではないか。自分は石原プロの力を過小評価していた――そんな思いにとらわれていた。

日本テレビ『西遊記Ⅱ』は『西部警察』第五話にぶつけるようにして放送をスタートさせた。堺正章（孫悟空）、夏目雅子（三蔵法師）、岸部シロー（沙悟浄）、西田敏行（猪八戒）ら前作と同じ豪華キャスト。前作の平均視聴率は20パーセントの大台にわずかに届かなかったものの、最終回は27・4パーセントと同シリーズ最高視聴率を達成。NHK大河ドラマの裏番組としては異例のこととして業界の注目を集めた。

その『西遊記』のPARTⅡなのだ。『西部警察』の後塵《こうじん》を拝すことはあるまい。日本テレビは自信をもって放送を開始したところが、視聴率が思ったほど伸びなかった。この時間枠に10数パーセント台は善戦と言ってよかったが、『西部警察』を組み敷くまではいかなかった。

「放送スタートのタイミングがまずかったかもしれません」

井原は上子専務に率直に告げた。

「向こうの初回にぶつけたほうがよかったということかな?」

「たぶん。しかし――」

「そうだな。向こうの初回と二回は装甲車レディーバードの話題でもちきりだった。編成上の都合もあったのだろうが、これを避けたのは賢明だったと思う」

井原がうなずく。日本テレビとしては、『西部警察』は話題がすぐに尽きて、視聴率は下降線をたどると読んでいた。これはメディアを含め衆目《しゅうもく》の一致するところで、装甲車を出したあとはどうするのか。刺激を追及することで視聴率を稼ぐのは遠からず限界がくるはずだった。

ところが石原プロはこれを見事に裏切った。第三話「白昼の誘拐」で、舘ひろしがテレビドラマ初出演として話題をさらい、第四話「マシンガン狂詩曲」はハデなアクションで視聴者の溜飲を下げ、第五話「爆殺5秒前」はストーリーがスリリングに展開するなど、『西遊記Ⅱ』が始まったこの時点で、『西部警察』は茶の間に定着してしまった――これが、井原の分析だった。

上子が言った。

「『西遊記Ⅱ』の視聴率は決して悪いわけではない」

「はい。前回より劣るというだけで、健闘していると思います」

「『大都会』を手放したのは失敗だったのだろうか」

「是非を問うのは結果論です。テレ朝移籍は必然の成り行きだと私は思っています。ただ、誤算があるとすれば、石原プロは、少なくとも数年はウチに帰ってこないということです」

上子が吹っ切れた表情で、

「決断というのは難しいものだな。正しかったか間違っていたかは、常に後になってわかることだ。決断を下すときは冒険だね」

「石原プロも大きな決断を下しました。自主営業によるテレビ映画の製作が、正しかったか間違っていたかは、先になってみなければわからないでしょう」

石原プロは裕次郎、渡、コマサというトロイカが牽引し、多士済々の俳優とスタッフがそれをバックアップしている。成功するに違いないだろうと思ったが、井原はそれを上子専務の前で口にはしなかった。

『西部警察』は爆走を続ける。

マシンX、スーパーZ、サファリ4WD、マシンRSシリーズといったスーパーマシンを次々に登場させ、シリーズの呼び物になった。大人の男性だけでなく、少年層にまでファンを広げ、テレビ界に新たな時代を切り拓いた。

これに加えて、銃火器を使用するドンパチのシーンは回を追ってハデになっていく。のちPART-ⅡやⅢでは爆破シーンがふんだんに取り入れられていくのだが、全体を統括するのは渡で、アクションシーンや爆破シーン、カースタントといった現場の段取りはコマサの担当だった。

「あそこで車をUターンさせて横滑りにさせたいんですが」

と監督がコマサに相談し、実際にやれるかどうか——つまり、事故が起こらないかどうかをコマサが判断し、

「これはやれる」

「無理だ」

即座に判断し、

「やるとしたら――」

とアドバイスする。

そして演出部やスタントチームとシミュレーションしたうえで、撮影前日、全スタッフを集めると、コマサが段取りをくわしく説明してから、

「で、もし車がそっちへスリップしたらこう対処する、もしブレーキングが狂ったらこう対処する」

と、あらゆる場面を想定して念入りに準備するのだった。

銃撃アクションや爆破、カーチェイスといったハデな見せ場は、いざ具体的な演出プランにかかると脚本より縮小されるものだが、石原プロの場合は逆だ。どんどんふくらんでいく。

「ここまではやれる」というコマサの判断が的確であり、スタッフがコマサに信頼を寄せているからこそ可能なことだった。

どんなハデなシーンを撮ろうとも、製作スケジュールはきっちり守る。それが石原プロであり、渡とコマサの腕の見せどころでもあり、四台のカメラで一日百カットを撮るという離れ技をみせたこともある。

それだけに、撮影場所を探すのに時間をかけているわけにはいかない。いまだに石原プロで

語り草になっているのが、『大都会ＰＡＲＴⅢ』でコマサが現場設定のときに見せた凄味と強引さだ。

現場設定は、犯人グループが立てこもる銀行。コマサは取り引きのある某銀行の支店を想定していた。石原プロや裕次郎の個人資産の預金先であり、裕次郎の歌唱印税の振込口座も開いている。よもや断るまい思って申し込んだところが、

「今回はちょっと……」

と言ってきた。犯罪がらみのシーンとあって、支店長が難色を示したのである。

了解が取れるものと安心していたコマサは、これに激怒した。撮影スケジュールから考えて、いまからあちこちの銀行と交渉するのは時間的に厳しいものがある。だからといって、「そこを何とかお願いします」と頭を下げる男ではない。

「よし、わかった！」

啖呵を切るや、石原プロと石原裕次郎の口座をすべて引き上げてしまったのである。

泡をくったのは銀行だ。本店で大騒ぎになり、支店長の責任問題にまで発展したのである。

結局、本店上層部と支店長が丁重に詫びた上で、この支店でロケを実現させた。こうした武勇伝の積み重ねの上に『西部警察』があり、

「コマサなら何とかしてくれる」

というスタッフへの信頼感へつながっているのだ。

「命がけの危険なシーンは、コマサが旗を振らなければ駄目だ」

と言って、裕次郎も頼りにしている。日活撮影所時代、現場の段取りで苦労したコマサの経験が、いまこうして活きている。だが、その一方で、「万が一」――という事故の不安は、裕次郎の頭の片隅にいつも巣くっていた。コマサが石原プロに入社するキッカケともなった『黒部の太陽』の撮影現場で、大きな事故を起こし、裕次郎は九死に一生を得た。そのときのことが、裕次郎の脳裡をかすめるのだった。

石原プロの原点

映画『黒部の太陽』は、石原プロモーションと三船敏郎の三船プロダクションの共同製作で、一年以上の撮影期間を費やし、昭和四十三年二月に公開された。当時、世紀の難工事と言われた黒部ダム建設の苦闘を描いたもので、観客動員数七三三万七千人。この年の日本映画最高を記録する。

『黒部』の撮影に入ったとき、コマサは日活撮影所の社員で、裕次郎も日活と出演契約を結んでいた。日活が離さなかったためで、裕次郎は石原プロ社長と日活の俳優と二足のワラジを履いていた。渡も日活の看板スターで、コマサとは気が合い、年はコマサが五歳年長だが、「テツ」「コマサ」と呼び合っていた。

裕次郎は長野県・大町の撮影現場に籠もりきりで、秋口になっても帰京しない。正月映画の撮影がまったく進まず、業を煮やした日活は、

「裕次郎を連れもどしてこい」

とコマサに命じる。裕次郎も耳を貸すだろうし、機転が利いて説得上手のコマサなら何とかするだろうと思ってのことだった。

以前のことだが、やはり人気俳優の岡田英次が掛け持ちの仕事をやっていたため日活での撮影が進まず、コマサが連れ戻しに行ったことがある。コマサは熱海の撮影現場へ乗り込むと、「岡田さん、約束が違うでしょう。帰りますよ」と言って強引に連れ帰ったのである。

コマサの迫力に圧倒され岡田はいっさい抵抗しなかった。

今回もコマサは裕次郎を連れて帰ってくれるだろうと日活では期待していた。

コマサはロケ隊が宿泊する黒部のホテルに乗り込んだ。心酔する裕次郎だったが、仕事となれば別だ。立場は立場。言うべきことは言わなければならない。自分を律する精神の強靱さがコマサの持ち味でもあった。

コマサは、ホテルのフロント前のソファで裕次郎に向かい合った。

「裕次郎さん、『黒部』が男の勝負だってことはわかりますが、自分だけが男だ何だとカッコつけてみところで、世間は認めやしませんよ。日活の作品も終わらせなきゃおかしいじゃないですか。さっ、いっしょに帰りましょう」

野太い、有無を言わせぬ口調で言った。この声が二階まで響き、キャメラマンとして招集され、のちに石原プロの社員となる金宇満司は驚いた。すぐさま階下に降りていくと、角刈りのコワモテが裕次郎に談判している。

〈ヤクザだ！〉

と思ったと、金宇は初対面の印象を笑い話にしている。それほどにコマサは迫力があったということになる。

「わかった」

裕次郎があっさり応じたので、コマサは肩すかしをくったような気分になったのだろう。

「そのかわり頼みがある」

と言われて、

「なんですか」

思わず返事していた。

「脚本《ホン》をバラしてくれ」

裕次郎はそう言った。

「いままで撮ったものを全部見てくれ。助監督も製作スタッフもみんなここにいるから話を聞いて、お前が全権を握って、これから製作を頼む」

撮影は行き詰まっていたのだ。

コマサは当惑した。スタッフは独立プロ系が中心で、百人ほどがここに入っている。顔を見たことがない人間たちばかりだ。作品の内容だって知らない。

「無理ですよ」

と断るコマサに裕次郎が訴える。

「俺はこれに人生を賭けてやっている。お前しか託す人間はいないんだ。もし、お前が本当にこの作品はできないと言うなら、俺はあきらめる」

これまで裕次郎についていたコマサだ。立場上、連れもどしに来ただけで、いまも裕次郎に心酔している。その裕次郎に頭を下げられては、嫌とは言えない。

「わかりました。だけど私は日活の社員ですから、いっぺん東京へもどって……」

「だめだ。ここに残ってやってくれ」

裕次郎を連れもどしに行ったコマサは、こうして現場に居座ることになるのだ。

脚本を読み、これまで撮ったフィルムを見て、四日をかけて脚本をバラし、撮影現場やオープンセットを再検討し、山の天気を睨み、風を計算し、すべての段取りを着々と整えていく。

コマサの独壇場であった。

トンネルシーンが多いため、愛知県豊川市にある熊谷組研究所の敷地六万坪に全長二百三十メートルのトンネルをつくった。出水シーンを撮るため、水量四百二十トンを貯蔵するタンクを、当時の金で五千万円をかけ、これもつくった。四百二十トンの水量は、団地三千世帯の水タンクと同じ容量だった。

こうして撮影が始まり、事故が起こった。

どこかに計算違いがあったのか。水槽のゲートが開かれると同時に、逃げ場のないトンネルの中に四百二十トンという大量の水が十秒足らずで放出されたのである。一瞬の出来事に、トンネルの中で撮影していた裕次郎もスタッフも逃げる間もなかった。

「あっ！」

と叫ぶと同時に、撮影用コードが絡まり、裕次郎が気を失った。助け出され、病院に運ばれて指先を見ると、ジャリでこすれたのだろう。十本の指先の指紋がなくなり、親指が骨折して後ろ側に曲がっていた。

トンネル内にはスタッフ四、五十人が入っていた。死者が出るのを覚悟した。だが、幸いにも全員が助かり、安堵する裕次郎に、コマサが言った。

「熊谷組の人がトランスのスイッチを切るのが一瞬でも遅れていたら、全員、感電死していたそうです」

撮影用のライトの電源として、トンネル内には三千五百ボルトのトランスが入っていた。奔流が流れ込んで来るのと同時に、熊谷組の人がとっさにスイッチを切ったということだ。コマサの言うように、もし一瞬でもスイッチを切るのが遅れていたら大惨事になっていた。

調査の結果、原因は、段取りの都合で撮影が三日延びたためにコンクリートが固まりすぎたことにあった。

「コンクリートが固まりすぎたため、タンクから出た水が一度に溜まり、それに圧力が加わって一気に吹き出した」

と調査にあたった専門家は説明した。

裕次郎を慄然とさせたのは、周到な準備をし、完璧を期して臨んだ撮影であっても、コンクリートの予想外の乾きの早さまで計算できなかったということだ。何が起こるかわからない。事故は人智を超えたところで起こる。自分が死ぬのは構わないが、スタッフや出演者を死なせるわけにはいかない。裕次郎は戒めとして、このとき固く誓ったのだった。

これだけの事故にもかかわらず、キャメラマンはカメラを回していた。

問題はフィルムだ。

映っているかどうか。奔流に押し流されて、あちこちに転がったカメラを拾い集めて、現像所に走らせた。

映っていた。

全部、映っていた。フィルムは水に強いと言われるが、予想外の強さに裕次郎は、ここまでとは思わなかった。

すぐにラッシュを見た。わずか三秒。本物の事故は迫力があり、裕次郎はラッシュを見ていて吐き気がしてきたことを覚えている。事故扱いとなり、コマサは事情聴取のため、豊橋署に一晩泊められることになる。

こうして『黒部の太陽』は完成する。試写会が国立劇場で開かれ、常陸宮殿下もお見えになった。殿下はインターミッション（幕間）のときに、出水シーンについて、

「あれは、どういうふうに撮影されたんですか」

と裕次郎に質問する。

熊谷組研究所にトンネルや貯水タンクを作ったことなど、くわしく説明した上で、裕次郎はこう言った。

「実は、あれは本物の事故を撮ったんです」

『西部警察』のアクションシーンは、脚本家が腕を競うようにして過激なシーンをヒネリだし、さらにエスカレートしていく。刑事に辛気《しんき》臭い説教はさせない。登場人物はどこまでもカッコよく、内容はハラハラドキドキで、番組を見ているときは憂き世を忘れさせ、あとに爽快感が残るもの――それが娯楽映画だ。見終わってスカッとし、明日への活力の一助になれば、なお結構。『西部警察』は娯楽に徹し、演っている裕次郎自身、ますます面白くなってきたと思う。

それはいい。

だが、『黒部の太陽』のときのように、完璧を期しても事故は起こる。責任者として、裕次郎は危惧しないわけにはいかなかった。

「銭ゲバ!?　けっこうだ」

コマサは自らを「俺はね、あっちこっちから銭ゲバと言われているんだけど、それでいいんだ。お金を集めるときも、『これじゃ安い。ダメだ。もっと出してくれ』と言って交渉して勝ち取るんだ」と言う。まだテレビ界においてタイアップのない時代、コマサは表に立って金稼ぎに集中した。

コマサの考えはこうだ。

「人間って面白くて『お金欲しいからちょうだい』と言っても出さない。ウチは、『こうこうこうだから、こう得するよ』と計画を話す。興味を持ってくれた人は『そんなら是非に参加させてください』とくる。『いいですよ。でもウチ少し高いんだけど』と話し、それでもやりたいという人間だけを集める。大事なのは、そのもの自体に、ちゃんと価値を持たせ、損をさせないことである。だから相手が喜んでお金を払いたいと思うような条件下にさせる。それを持って儲かっているところへ一気に向かって行くから話が早い」

『西部警察』の地方ロケなどは、宣伝効果があるため、タイアップが殺到してまかないきれなくなるほど儲かった。ホットにホットに持っていったのが成功した。すべて借金返済と、裕次郎のためにコマサは奔走し、かなりの額の蓄えもできた。

金がなければ何もできない。鬼、守銭奴と言われても、「銭ゲバ!? けっこうだ」と突き進んでいた。

思えば石原プロ倒産の危機のときから、コマサは目の色を変えて必死でやってきた。それでも楽しかった。

一度だってやめようと思ったことはなかった。コマサは信念を持って事を運ぶ。

「俺なんて大した実力もないのに『この野郎!』なんて思いながら、絶対になんとかしてやると自分を信じてやってきた」

それもすべて裕次郎の魅力からであった。

同じ人間とは思えないほど、とにかく素晴らしかった。裕次郎は人を決して誹謗《ひぼう》したりしなかった。腹の中で思っていても口には出さない。ちゃんと自分を持っている。

すべてにおいて人より抜きん出ているというものではない。ケタが違うのだ。


あるときコマサは役員会で裕次郎からこんな相談を受けた。

「コマサ、ヨットのマストが傷んでいる。二百万か三百万かかるけど、レースも近いし、替えたいんだ」

コマサが「銭ゲバ」と言われているのは裕次郎の耳にも入っていた。「金を遣《つか》うときはどうなんだろう」裕次郎は軽いノリで身内にもそうなのか試してみた。

コマサは真顔で答えた。

「ダメです。ヨットはお金を稼いでくれません。いままでイワシ一匹でも獲って持ってきましたか。ここは我慢してください」

ヨットは裕次郎にとって生きがいの一つとしている。趣味を超えてプロの腕前を持っている。それをいとも易く断られてしまった。

普通ならここでムスッとするだろうが、裕次郎は、動じることなく、次にコマサの仕事のやり方に話題を振って仕掛けてみた。

「ウチの経営も少し余裕が出てきた。トラックを何台も買うカネがあるんなら、マストの一本くらい、罰は当たらんだろう」

「トラックのことですか。ああ、『西部警察』のおかげで八億の負債は整理できたし、経営にも余裕が出ました。だからトラックを五台買ったんです。必要だから買ったんです」

続けてこうも言った。

「いいですか、これまでウチはロケのたんびにトラックや運転手を借りている。手間もカネもかかる。だからトラックも運転手もすべて自前にして、カネを節約して機動力を上げるためにはトラックの台数をそろえなくちゃならない」

言葉を切ってから、

「家庭の奥さんように、たとえば亭主の月給十万を、その範囲内でやりくりするというのもひとつの考え方です。だが、俺たちの商売は、十万のうち七万を遣って残り三万を預金なんてことをやっていたらだめなんです。十万を二十万、三十万に活かして遣うという発想が大事です。カネがもったいないから、トラックを買うのはやめておいて現金を握っておこうなんてことでは会社は大きくなれない。トラックに『石原プロモーション』とか『西部警察』と書いて走れば宣伝にもなる。マストとトラックじゃ、おカネをかける意味が違うんです」

コマサが一気に言った。

渡はコマサの言葉に驚いた。

〈裕次郎さんの看板で稼いでいる。そこまで言うことはない〉

裕次郎はそれ以上、言わなかった。

〈コマサは、命を賭けて会社を再建してきた。いまも変わりない、安心した〉

それが素直に感じた気持ちだった。

裕次郎の希望を叶えてあげたいと望む渡と、石原プロの経営体力をもっともっと強くするべきだというコマサ――。裕次郎に惚れ、石原プロの発展を願っていることは同じであることをお互いが認め合いながらも、微妙なズレを意識しないわけにはいかなかった。情に従おうとする渡の気持ちに対して、コマサは情を理性でねじ伏せることこそ、本当の意味での情であると考えていた。

渡は、裕次郎のためなら潔く腹を切ってもいいと覚悟している。コマサは、裕次郎のためには、泥水をすすっても生き続けなければならないと覚悟している。性格に根ざす二人の違いは、石原プロが負債を抱えたときに背負った苦労の〝質〟によるのではないか。

渡は役者としての夢や可能性をみずから封じ、石原プロの手駒となってテレビ映画でアクション刑事に徹した。一方のコマサには、封じなければならない夢はなく、いかにしてカネを握るかという一点で突き進む。すなわち「どんな役を演じて稼ぐのか」という〝稼ぎ方〟が尾を引いている男と、「どうすれば稼げるか」とストレートに考える男の違いということになる。

石原プロが負債を背負ったとき、「会社をつぶして、また立ち上げればいい」と恬淡とする裕次郎にコマサは猛然と異を唱えたが、渡はそこまでの思いはなく、裕次郎に近かった。「人生は、なるようにしかならない」と突き放して見る男と、「人生は、なるようにしてみせる」という男の違いだった。


裕次郎が日活と出演契約を残したまま、石原プロモーション設立を発表するのは昭和三十七年十二月二十八日のことだった。暮れも押し詰まって慌ただしいこの日を選んだのは、裕次郎の二十八回目の誕生日であり、あえて誕生日を選んだところに決意のほどがうかがえる。当時、日本は高度経済成長期。「黄金の60年代」と評される真っ直中で、昭和を代表するスーパースターは「俳優は男子一生の仕事にあらず」と公言し、映画界に新風を吹き込むべく果敢に挑戦したのである。

石原プロ設立の翌年、海洋冒険映画『太平洋ひとりぼっち』を撮り、芸術大賞を受賞するも興行面で失敗。そして四年後の四十一年五月、『黒部の太陽』で勝負に出る。

くわしくはあとで触れるが、独立プロの台頭を恐れた、日活と東宝は「五社協定」を盾に『黒部の太陽』をつぶしにかかる。

そんな曲折を経てこの作品は大成功し、石原プロは前途洋々の船出をした。

つまづきは昭和四十七年に製作した『ある兵士の賭け』だった。ハリウッドの監督、シナリオライター、主役を使って撮ったため、これに莫大な金がかかってしまって、国内の配給ではペイしなくなった。続いて、プロスキーヤーの三浦雄一郎がエベレストを滑降する『エベレスト大滑降』を製作するが、作品の出来はよかったものの配給をめぐるトラブルなどがあり、興行的に失敗。その直後に、裕次郎は結核になって熱海の病院に入院する。

総額八億円の負債を背負い、裕次郎は会社を清算して閉めようとするが、コマサが懇願して撮影機材を借り受け、ＩＰＦを設立するのはすでに記したとおりだ。

ヨットのマスト新調を裕次郎が切り出したこのとき、コマサが言わんとしたのは、マストの金額がどうのということではなく、

「まだ、いま気持ちを緩めてはならない」

「いまはまだ前に向かって走り続けなければならない。あの苦しい時期を忘れちゃいけないんだ」

と、自分に言い聞かせるためのものでもあった。

トタン屋根の古ぼけた倉庫の二階を事務所にして、IPFの社員たちはソーメンをすすりながら不眠不休で働いた。東宝の下請け製作、そしてCM撮影……。まき子夫人は、エンゲージリングと婚約指輪の二つだけを残して、アクセサリー類はすべて売り払った。預金通帳の残高は五万円。石原裕次郎というスーパースターは、四十歳を前にして文字どおり丸裸になったのだ。

後日、コマサは『大都会』から常務として入社した石野に以前の話を伝えた。

「これは石野には話していないけどな」

コマサが言葉を継ぐ。

「倒産危機のとき、社長はあのとき、ベンツを売って国産車に乗り換えようとした。みんなに苦労させておいて、ベンツにふんぞり返っているわけにはいかないってな。社長らしいだろう?」

石野が小さくうなずく。

「だけど俺は反対した。絶対にそれはだめだと言った。カネに詰まれば誰だって経費節減で日本車に乗り換えるだろう。だが、それはそこいらのオッサン社長がすることであって、天下の石原裕次郎はやっちゃいけない。〝裕次郎、たいしたことねぇな〟と思われてしまう。スーパースターは一度地に落ちたらそれで終わる。ファンをガッカリさせちゃいけない。ファンは石原裕次郎の弱さは絶対に見たくないし、見せてはいけない。だからベンツの後部座席にふんぞり返っていてくれとお願いしたんだ」

コマサは続ける。

「それは社長のためであると同時に会社のためでもあったんだ。裕次郎という超弩級《どきゅう》のブランドが輝いてさえいれば、石原プロは必ず立ち直る。だが、〝裕次郎、たいしたことねぇな〟となれば、石原プロは終わる。会社があってブランドがあるんじゃなくて、ブランドがあって会社があるんだ」

コマサは、裕次郎にはそこまで言わなかったが、

「石原プロの顔であり続けてください」

とお願いしてから、

「八億からの負債を背負っているんです。生活を切り詰め、三度のメシを二度にしても、それは〝焼け石に水〟ってもんじゃないですか。借金してでも手形を落とし、辛抱して会社を持ちこたえていれば、そのうち大きなチャンスがやってくると思います」

そんな言い方をしたのだった。

コマサがツテを頼りに、大阪、京都など各地を年代物のブルーバードを運転して駆け回っていた話を、石野は人づてに聞いている。二十日間で三億五千万円をつくり、それをリヤカーに

積んで債権者を回り、手形をすべて落としていったのである。

一方、国立熱海病院の病床で、社員たちと運命をともにする決意をした裕次郎は、歯を食いしばって耐える社員たちに胸を打たれたのだろう。それまで拒否してきたテレビ・コマーシャルに出演する。

その頃宝酒造は、ビール事業の失敗によって会社存亡の危機にあった。大宮隆社長はビール事業から撤退を決意し、初心にかえって日本酒で起死回生の勝負に出ることにした。そのために費用を投じ、新たなテレビCMの制作を決断する。

大宮は、電通にこう言った。

「これから日本一を目指してやっていく。したがって、コマーシャルに起用する俳優も日本一でなければならない」

日本一の俳優となれば、石原裕次郎しかいない。だが、裕次郎はCMには出ない主義を貫いている。断られるのを承知でオファーしたところ、裕次郎は快諾した。こうした背景があって清酒『松竹梅』のCMは実現。裕次郎と大宮は、お互いの人間性に惚れて親交を深めていくのだった。それを仕掛けたのもコマサだった。

コマサには二つ年下で職場結婚した佳子《けいこ》夫人がいた。佳子夫人は元日活のタイムキーパー

（記録係）だった。ほがらかで、それでいて控え目な性格で、撮影所の仲間たちから「お佳《けい》さん」と親しみをこめて呼ばれたものだった。

いつだったか、佳子夫人が、

「子供にはベタベタなんですよ。もっと厳しくふるまって欲しいんですけど」

と裕次郎に言ったことがある。血の気が多くて戦闘的な男も、家庭では子煩悩な一人の父親であることを知って、裕次郎は微笑ましく思ったことを覚えている。

第三章　人生の光芒

裕次郎、倒れる

その日——昭和五十六年四月二十五日、『西部警察』第88話「バスジャック」の撮影が渋谷で行われた。午前中、木暮捜査課長役の裕次郎はドヤ街で聞き込みをするシーンを撮り終えると、正午からテイチクの二十五周年記念アルバムのスチール撮影を行い、その足で麻布十番にある知人のマンションに向かった。午後四時半集合で、夕景の夜間ロケが予定されていたため、現場に近いこの知人のマンションで待機をしていた。

朝から薄曇りであったが、二時すぎからポツポツと雨が落ち始め、やがて土砂降りになった。

「これじゃ、夕景は中止だな」

異変が起こった。

後頭部、胸、腹、足に激痛が走り、裕次郎は知人宅で倒れてしまったのである。

午後三時二十六分、知人の一一九番通報で麻布消防署の救急車が出動。裕次郎の指定で、慶應病院へ救急搬送された。

この日、コマサは営業のため、朝からスポンサーをまわっていた。渡の出番は夕景の夜間撮影からだったので、午前中、裕次郎の撮影に立ち会ってからいったん石原プロに引き上げ、翌日に予定されたロケの準備に取りかかっていた。

準備を終え、壁の時計を見やると午後四時前だった。会社の二階から外を見下ろすと、大粒の雨が敷地を激しく叩いていた。撮影は中止だろうと思いつつも、もし裕次郎が現場に来ていて、自分がそこにいないというわけにはいかない。

渡が上着をつかんだとき、

「お電話です！」

若い社員が呼び止め、撮影現場にいる製作責任者の名前を告げた。

「俺だ」

——社長が救急搬送されました。

「病院？」

——慶應病院です。

「わかった」

受話器を置くより早く、

「車の用意だ」

若いスタッフに命じた。


夕刻、救急搬送されたという電話をコマサから受け、まき子夫人が慶應病院に駆けつけると、裕次郎は思ったより元気なので拍子抜けする思いだった。

「腰が痛くって、まいったよ」

と苦笑いを見せている。

それを受けてコマサが、

「整形外科と内科の両方に診てもらいましたが、椎間板ヘルニアらしいということです。精密検査は明日やります」

と、まき子夫人に説明した。

まき子夫人は胸を撫で下ろした。三年前の舌がんの手術のときは、不安に押しつぶされそうで、顔が歪《ゆが》むのが自分でもわかるほどだった。手術した翌年、経過がおもわしくなくて再入院し、さらに東大病院に移ってレーザーで腫瘍を除去している。がんと闘ったことを思えば、へルニアは平静に受け容れられる。本人は痛くて辛いだろうが、命にかかわることはないだろう。

「自分たちがついていながら社長に無理をさせてしまい、申し訳ありません」

渡が険しい顔で頭を下げたが、裕次郎は笑って、

「俺は歩けねぇから、撮影は当分無理だな」

「承知しています。ゆっくり養生してください」

背筋を伸ばし、渡が生真面目な顔をして言えば、

「じゃ、脚本《ホン》を入院シーンに書き直させましょうか」

コマサがにぎやかな声で言った。

このとき一号病棟五階の病室に緊迫感はなかった。

翌朝、事態は急変する。呼吸するたびに、裕次郎が胸部の激しい痛みを訴えたのだ。八時三十分、ナースコールを受けて、心臓血管外科の井上正教授と看護婦たちが病室に飛び込んでくる。まき子夫人も、渡も、病室の片隅でじっと見守るほかはない。

「胸が……痛い……」

裕次郎があえぎながら言う。

「血圧、24です！」

モニターを凝視する看護婦が叫ぶ。

「ＩＣＵ（集中治療室）だ、急げ！」

井上教授の声が病室に響いた。裕次郎がストレッチャーで中央病棟四階のＩＣＵに運ばれていく。渡がまき子夫人をうながし、そのあとに続こうとした。まき子夫人が動けない。膝が小刻みに震えていた。

乖離性動脈瘤《かいりせいどうみゃくりゅう》Ｉ型――。井上教授が下した診断だった。心臓から二センチの上行大動脈から解離が始まり、腹部大動脈分岐部（足の付け根付近）まで及んでいた。

井上教授は病気の概要を説明してから、

「非常に危険な状態です。発症から二十四時間ないし四十八時間以内に破裂する可能性があります。ただちに親族を呼んでください」

厳しい顔で告げた。


石原プロに箝口令《かんこうれい》が敷かれた。

裕次郎は予断を許さない状況にある。メディアが先走って揣摩憶測《しまおくそく》で報道すれば、番組やスポンサーなど、与える影響があまりに大きすぎる。事態の推移を見極めながら対応すべきだということで、渡と意見は一致した。

「家族にも、誰にも話さないでくれ」

渡がひとこと言うだけで、社員たちはそれを忠実に守る。石原軍団は、そういう組織であった。

兄で衆議院議員だった石原慎太郎には、コマサが知らせた。慎太郎はヨットレースで小笠原の父島にいた。「裕次郎、危篤」の急報を受けた慎太郎は、四月二十七日午前八時二十分、海上自衛隊海難救助艇US-1で父島を発ち、厚木基地に着陸。そのまま慶應病院に駆けつけた。これが大問題になり、裕次郎の病状が発覚する。

慎太郎が裕次郎を見舞った翌二十八日午後十時過ぎ、共同通信が「石原慎太郎衆議院議員、私用で自衛隊機を使用」というニュースを配信。それに続いて十分後、「俳優の石原裕次郎重体」が配信され、ニュースは瞬時に日本中を駆けめぐった。

メディアは蜂の巣をつついたような騒ぎになる。テレビ各局は速報のテロップを流し、臨時ニュースで報じた。テレビ、新聞、雑誌など報道陣が慶應病院に殺到し、石原プロはその対応に追われることになる。

「逐一、経過を発表しよう。記者の質問には誠意をもってすべて答える」

コマサが渡に言った。

「すべて?」

「そうだ」

「社長の病状まで知らせたくない」

渡が異を唱えた。重篤な病に伏せっていようとも、石原裕次郎はこれまでのように燦然と輝く太陽のままであって欲しいし、そうするのが自分たちの責務だと思った。病魔に苦しむ姿はさらしたくなかった。

「お前の気持ちはわかる。俺もそれは同じだ。スーパースターは、スーパースターのままであり続けるべきだ。だがな、テツ。隠せば追いたくなるのが人間心理だ。反対に、すべてを包み隠さず話してくれていると思えば、メディアとのあいだに信頼関係が芽生える。これが大事じゃないか？　裕次郎さんにとっても、石原プロにとっても、そうしたほうがいい」

「わかった。そこまで言うなら」

渡が納得し、連日の記者会見になっていく。

第一回目は、共同通信でニュースが配信された翌二十九日昼十二時。井上正教授と小林正彦専務による記者会見が慶應病院で行われた。これまで石原プロの黒子であった小林が、「番頭のコマサ」として一躍、世間の注目を浴びるのはこのときからだった。コマサは裕次郎が退院するまで、ずっと付き添った。

井上教授は裕次郎の病状について、こう説明した。

「病名は解離性大動脈瘤Ｉ型で、ＩＣＵで集中的な治療を行い、正確なチェックをしたあとで手術をするか否かを決定します」

実は、手術が体力的に可能かどうか、この時点では見極めることができないでいた。入院した翌二十六日が血圧24、二十七日が48、二十八日が72……と厳しい状況が続いていた。

そして、入院から一週間が経った五月一日、井上教授は定例となった記者会見で、

「大動脈瘤破裂の危険性を含んでいて安心できない状態です。二週間経てば手術の見通しが立ちます」

と発表する。

渡は病院に詰める一方、『西部警察』の撮影がある。俳優として出演するだけでなく、現場を統括する立場だ。渡は病院の敷地内にワゴン車を持ち込むと、その中で寝泊まりしながらロケ現場に通った。

入院から九日目になる五月四日の午後六時、慶應病院一号病棟五階ロビーで、渡がフジテレビ「3時のあなた」の取材を受ける。インタビュアーは、同番組の司会者である森光子だった。

渡は言った。

「自分がそばにいたって、どうすることもできませんが、そばにいなくてはいられないのです」

「もし、最悪の事態になったら、私も連れていってもらいたい。石原に殉じたい気持ちです」

答えているうちに、渡は落涙する。あの渡がテレビで泣いた。世間は、裕次郎が容易ならざる容態にあることを改めて知るのだった。

翌五日夜九時三分、石原慎太郎が記者会見を開き、

「いま会ったときは眠っていたが、熱があるので、造影剤の撮影もさけているが、大動脈瘤が非常に悪いところにあり、〝手の届かない〟裏側が豆腐のようにドロドロになっているようだ。手術もむずかしく一番条件が悪い。変わったところといえば、やせて顔はよくなった。三十代の終わり頃の顔だ」

と、病状について語る。

「本人は病気の詳細については知らされてないので〝アイタタ、歯の治療をしなければ〟などとのんきなことを言っているが、こっちはビックリして腹が立つよ。裕さんも本気で治りたかったら神仏に心のなかで手を合わさなければだめだ」

五月に入ってから食べ物を次第に受けつけなくなっていた。左胸に水が溜まり、肺機能も弱まっている。手術しなければならないが、体力がもつまい。動脈瘤がいつ破裂するか、手術の目途が立たないまま薄氷を踏むような日々が続いていた。

慎太郎が記者会見した翌々日の五月七日午前八時五十分、容態が急変する。

生還までの舞台裏

ここ数日、血圧が上昇し、しばしば200を超えていたが、いっきに288までハネ上がった。血圧抑制が効かない。大動脈が急激に膨張している。三層になっている血管の中側一層目と二層目が切れ、三層目も切れそうな状態になった。そのため血圧が上がったのである。

井上教授が、病室に詰めているまき子夫人とコマサに告げる。

「非常に危険な手術になりますが、このまま放っておけば死しかありません」

まき子夫人のすがりつくような視線を受けて、コマサが問う。

「手術して助かる確率はどのくらいでしょうか」

一瞬、言いよどんで、

「三パーセントです」

限りなくゼロに近い確率だった。奇跡でも起こらない限り死ぬ――これは医師の、冷静な事実の宣告であった。

まき子夫人は顔面を蒼白にして息を呑んだが、コマサは違った。

「ゼロではない。そういうことですね」

井上教授を睨みつけるようにして言った。たとえ一パーセントでも勝機があれば、敢然と勝負に出る。コマサの度胸だった。渡のように潔く散って見せる度胸もあれば、コマサのように最後の最後まで歯を食いしばって闘い続ける度胸もある。高齢であるなら、このまま手術をしないで天運にまかせるのも一つの選択だろう。身体にメスを入れたからといって命が助かる保証があるわけではない。

だが、裕次郎は四十六歳だった。

コマサとまき子夫人の視線が絡む。

まき子夫人が小さくうなずいて、

「お願いします」

声を振り絞るようにして言うと、井上教授に深々と頭を下げるのだった。

コマサは手術が決定されるや電話機に走った。

「A型の人間を至急集めて、いますぐ慶應病院へ連れてこい!」

石原プロへ急報した。

裕次郎はA型だった。もし手術をすることになれば、大量の輸血が必要となる。そのときに備えて、コマサはすでに該当者を手配をしていた。畏敬《いけい》する石原裕次郎社長に自分の血液を使ってもらえる。社員にとって嬉しいことでもあった。二十余名がロケバスで慶應病院に向かった。

「テツ、緊急手術だ」

ロケ先で電話を受けた渡は即座に撮影を中断し、慶應病院に車を飛ばした。

十時三十分、石原プロからA型献血者が到着。その四十分後、渡が病院ロビーを足早に駆け抜け、エレベータに飛び乗る。十二時十分、石原慎太郎夫妻が病院に到着する。

そして十二時四十五分、

「どうなるかわからないが、とにかく行ってくる」

という言葉を残し、ストレッチャーに乗せられた裕次郎が四階の集中治療室から六階の手術室へ向かった。

執刀は井上正心臓血管外科教授、川田光三講師、相馬康宏講師ほか三名。麻酔医は長野政雄助教授ほか二名、人工心肺、看護婦各二名からなる十二名のチームだった。

午後一時十分、コマサが記者会見を開く。

「石原裕次郎は、これから緊急手術を行います」

――容態が悪化したということですか？

記者たちが先を競うように質問が飛ぶ。

「医者の判断です」

――難易度の高い手術と聞いていますが。

「そのようです」

――成功の確率は？

コマサは大きく息を吸って、

「3パーセントです」

記者たちからどよめきが起こり、その数分後、《石原裕次郎容態急変！　緊急手術！》のテロップが各局のテレビ画面に流れた。


午後三時四十分から始まった緊急手術は一時間が過ぎ、二時間が過ぎ、三時間、四時間、五時間が過ぎていく。まき子夫人、コマサ、渡、慎太郎夫妻の五人は椅子に押し黙ったままでいる。死を必然のものと予感し、それぞれが、それぞれの思いを胸のうちで反芻していた。

まき子夫人は、

〈今年はひょっとして〉

という不吉な思いがしていた。

裕次郎はなぜか、末尾に「六」が付く年齢で大きな病気やケガに見舞われている。慶應高校の生徒だった十六歳のとき、右足を骨折し、将来を嘱望されながらバスケットを断念した。銀幕のスーパースターとなり、まき子夫人と結婚した翌年の二十六歳のときには、志賀高原で女性スキーヤーと衝突して右足首を粉砕複雑骨折。完治まで八カ月もかかる大ケガをしている。さらに、石原プロが倒産危機のさなか、裕次郎は胸部疾患で国立熱海病院に入院するが、これが奇しくも三十六歳のときだった。

そして、いま四十六歳。

〈どうか今年は、何事もなく無事に過ごせますように〉

と神仏に手を合わせたのは、三カ月余り前の初詣のときだった。

人は悲しみに直面したときに、楽しかった思い出を振り返るという。風化した記憶の残像を拾い集めるようにして思い出のなかに閉じ込め、慈《いつく》しむように反芻する。精神的な意味で、一時の現実逃避なのだろうか。

〈あの頃は、若かった二人とも怖いものなしだったわ〉

裕次郎と結婚したときの思い出が、まき子夫人の脳裡に去来する。

彼女は北原三枝という芸名で活躍していた日活のスター女優だった。裕次郎との結婚に日活上層部は猛反対した。結婚したらスターの人気は落ちる――それが当時の芸能界の常識であり、そうなった芸能人も少なくない。ファンに夢を売るというのは、ファンが心のなかで疑似恋愛できるようにイメージを創り上げることであるとするなら、日活経営陣がスター同士の結婚に反対するのは、経営という企業論理からすれば当然であった。

だが、若い二人は奔放だった。

「バカ野郎、堀久作（日活社長）と結婚するわけじゃねぇや」

裕次郎が言い放った言葉が、まき子夫人の脳裡をよぎる。

それでも日活は頑として結婚を認めようとせず、二人は実力行使に出る。昭和三十五年一月、手に手を取ってアメリカへ逃避行したのだった。

〈堀社長さん、あわてちゃって……。アメリカまで電話をかけてきて〝結婚は認めるから、すぐ帰ってこい〟なんて。裕さん、勝ち誇ったように笑ってた。でも……、どうして私たちの宿泊先がわかったのかしら？〉

そんな、脈絡のない思いにとらわれていると、渡と目が合った。

〈何か？〉

と目で問いかけている。

「いえ」

声に出さないで小さく首を横に振ったとき、

「手術が終わりました」

看護婦が急ぎ足で部屋に入ってきて告げた。渡が腕時計に目を落とす。午後十時を少しまわっている。六時間半におよぶ大手術はこうして終わった。

記者たちがロビーで待機している。まもなく朝刊の締め切り時間だ。生還したときと死亡したときの両方の記事を作って手術の結果を待っているはずだ。十一時十分、渡とコマサは並んで記者会見を開いた。

まず、渡が口を開いた。

「本日、午後三時四十分から緊急手術を行い、十時十三分終了しました。私は、まき子夫人に付き添っていましたので、先生から手術その他については聞いておりません」

続いてコマサが、

「大手術のため、四、五日の間は危険な状態ということです。手術は成功です」

と補足した。

裕次郎は生還した。

明日はわからない。

明後日も、その次の日も、そのまた次の日も、命をつないでいるかはどうかは誰にもわからない。だが、いま裕次郎は成功率3パーセントという、針の穴にラクダを通すような確率をものにして生還している。このことだけは、まぎれもない事実だった。

翌朝、コマサが石原プロの若手に命じて、病院の正面玄関脇に見舞い客の受付のためのテントを設置する。ありがたいことだが、連日、見舞客と報道陣が詰めかけており、これ以上病院に迷惑をかけられないと判断してのことだった。

メディアはそろって「奇跡の生還」と報じた。

だが手術後、集中治療室に二週間というのは異例の長さだった。裕次郎の意識は混濁していた。

「おい、アラン・ドロンに会ってきたか」

「おい、マルセイユへ行ってアラン・ドロンと契約しろ」

「マネージャーどうしてるんだ」

「ウィーンで俺がピアノの独奏会をやるぞ」

「ハワイの別荘の話はどうなった」

支離滅裂な話が、うわごとのように飛び出す。

びっくりしたコマサは、

「なんですか、どうしたんですか」

問いかけるが、

「おい、俺のところに変なあれが来てるから、お前、ちょっと追い出して来い」

幻覚に襲われているのだ。目の前に横たわる男はまぎれもなく裕次郎であったが、これまで太陽のように眩《まばゆ》く輝いていたスーパースターの面影は、そこにはない。

〈いまだけなのか、それとも……〉

渡は激しく動揺した。

「コマサ」

「なんだ」

「社長が万が一、このままだということがわかったら教えてくれないか」

「なんでだ？」

怪訝な顔をすると、

「もし、このままだったら、俺は社長を……」

「テツ、お前、何を考えているんだ！」

声を荒げて渡の身体を叩くのだった。

痴呆状態になった石原裕次郎を世間にさらすくらいなら、ナイスガイのまま人生を終わらせてあげたい。それがせめてもの孝行であり、恩に報いることではないのか。これが実行できるのは俺をおいてほかにいない。それが渡哲也という男の美学であった。

あれは、裕次郎が舌がんの手術から現場に復帰したときのことだった。

「仕事は無理をしないよう午前中だけにしてください」

という医者の指示に従って、『大都会』の撮影スケジュールが組まれていたある日のこと。撮影の進行が遅れ、裕次郎の出番を撮り終えないまま昼になってしまった。

「おーい、昼メシにしようぜ」

と、ゲスト出演した俳優が言ったので、

「昼は社長のところを撮ってからにします」

プロデューサーが説明すると、

「なんだ、石原さんだけ先に撮っちゃうのかよ」

事情を知らないため、軽い気持ちで不満を口にしたところが、これを伝え聞いた渡が激怒した。

「あの野郎！」

撮影用に用意してあった日本刀を鷲づかみにしたのである。

「渡さん、待ってください！」

走り出そうとするのを、スタッフが必死で押しとどめ、ことなきを得たことがある。テツが社長に心酔していることはコマサも承知しているが、ここまでとは思わず、渡の険しい顔をまじまじと見たものだった。

渡の口ぐせは、「社長に逆らうな」――である。

「いいか、絶対に社長には逆らうなよ。逆らったら俺が許さない」

地方ロケで撮影が終わったあと、舘ひろしや神田正輝など若い連中を自分の部屋に呼びつけ、そう厳命したこともある。そんな渡だから、裕次郎が「テツ、テツ」と呼んで可愛がり、渡が言うことには素直に耳を貸すのだった。

「社長、しんどいでしょうけど、お医者さんの言うことは守ってくださいよ」

「うん、わかってる」

兄弟以上に信頼で結ばれた二人であった。

〈テツなら必ず裕次郎さんを殺《や》る〉

悲鳴のような心の思いが、コマサの身体を走った。

コマサは戦慄を覚える。

恐怖に対する戦慄ではない。男の絆に殉じようとする渡の美学に震えたのだった。

裕次郎は3パーセントの奇跡を生き抜いていた。

正気を取りもどし、渡の危惧は杞憂になったようだ。意識がハッキリしてきて、渡は小躍りするほどに喜んだが、人工呼吸器など多くの管を身体に入れていたため、口がきけず、筆談になっていた。

《この管を早く取ってくれ》

《エアがなくなった》

《苦しい、苦しい》

《喉が渇いた。水》

乱暴に書き殴って眼で訴える。そのたびに、「わかりました」と大きな声をかけてうなずき、一日も早い回復を祈らずにはいられなかった。

人生に不幸はつきものだ。幸せに胸にときめかせる人はいなくても、意に反した日々を呪うことなら誰でもある。

〈だが、それは気持ちの持ちようではないか〉

と渡は思う。

ちょうど手術の日――連休明けの五月七日、裕次郎と渡、コマサの三人は、宝酒造の大宮社長たちと台湾へゴルフに行く予定が入っていた。もしあの日、麻布十番で倒れなければ予定どおり台湾へ飛んでいた。台湾で倒れていたら、心臓病の医療水準から見て、おそらく死んでいただろう。地方のロケ先でも同じことだ。最高水準の医療技術を誇る慶應病院の近くで倒れたことは裕次郎にとって僥倖であったのかもしれない。幸せと不幸は表裏一体と言うが、このことの真の意味は、「表と裏を決めているのは人間の勝手であって、実はどっちが表でどっちが裏かはわからない」ということを諭《さと》しているのではないか。渡はそんな思いにとらわれるのであった。

裕次郎が救急搬送されたとき、『西部警察』の撮影現場は大混乱に陥っていた。病名もわからず、まさか生還率3パーセントの手術に臨むことになるとは、この時点では思いもよらないことだった。撮影現場を統括する渡、そして石野プロデューサーは、撮影中の88話「バスジャック」をどうすべきか決断を迫られていた。『西部警察』は毎週一回放送のレギュラー番組だ。このままでは番組に穴が空く。時間との競争だった。

「俺にまかせてくれ。ちゃんと仕上げてみせるから」

長谷部安春監督がキッパリと二人に告げた。長谷部監督は日活のアクション映画を数多く手がけたベテランだった。

「どうやるんですか?」

渡が問う。吹き替えという方法が頭に浮かんだが、裕次郎の出番は半分以上を撮り終えている。いまから吹き替えを使って撮り直すのは時間的に無理だった。

石野プロデューサーが思いついた。

「裕次郎さんがこれまで『西部警察』で撮ったフィルムを流用するんだ」

手短に説明して、

「桂一を呼べ！」

とスタッフに怒鳴った。

編集担当の原桂一が飛んでくると、

「裕次郎さんのフィルムを全部出せ。今回と同じような衣装で撮ったやつがあるはずだ」

こうして引っ張り出した過去のフィルムを編集し、撮影済のシーンに巧妙に差し込むことで「バスジャック」を完成させ、放送にこぎつけたのである。

一話分はこうして乗り切ったが、裕次郎は復帰の目途が立たない。復帰どころか、健康な生活が送れるかどうかさえわからない。コマサは慶應病院に詰めっぱなしになっている。渡も病院と撮影現場の往復の毎日で、病院の敷地内に停めたマイクロバスで寝起きの生活が続き、妻の俊子が洗濯物を取りに来ていた。『西部警察』の打ち合わせは石野プロデューサー以下、スタッフが病院に集まって行われた。

構成上の大きな問題は、裕次郎扮する「木暮捜査課長」をストーリーのなかでどう扱うかということだった。

「病気ということにしてはどうか」

「海外出張という方法もある」

「転勤はどうか」

いろんな意見が出たが、

「放っておけばいい」

とコマサが言って続ける。

「社長が入院していることは日本中の人が知っているんだ。番組に出てこないのは当たり前だろう。小細工なんかしないほうが自然でいいじゃないか」

渡が賛成し、方針は決定した。

主要な登場人物を、なんの説明もないままドラマから消えさせてしまう。ほかの作品では考えられないことだったが、視聴者が違和感なく『西部警察』を観ていたのは、現実の石原裕次郎がドラマの役を凌駕するほどの圧倒的存在感があったからにほかならない。

3パーセントの奇跡を生きた裕次郎は、少しずつだが回復の兆しを見せ、復帰に向けたリハビリが始まる。だがそれは、渡とコマサにとって、辛くて長い苦難の闘いの始まりでもあった。

ビジネスチャンス

六月に入り、梅雨入りの時期が話題になる頃、裕次郎のリハビリが始まった。腕に点滴の管をつないだまま、病院の廊下を八十メートル歩く。歩行の練習で、これが日課となった。洗髪も四日に一度が一日置きになり、やがて入浴が許されるまでになった。

だが、ものごとに頓着しない裕次郎のおおらかな性格は、健康回復に向けてストイックに頑張るということをしない。「なるようにしかならない」と運命にわが身を放り出すような生き方をしてきた男は、歯を食いしばって行うリハビリは好むところではなかったのだろう。

ある日のこと。

「裕さんが食事に箸をつけてくれないの」

と、まき子夫人から渡とコマサが相談を受けた。食事は、まき子夫人が減塩食を毎日つくって病院に運んでいた。裕次郎はもともと食事にこだわる人間ではないのだが、体調がよくないと箸をつけることもしない。体力をつけさせようと、食事に心を砕くまき子夫人にしてみれば、それが何より気がかりだった。

「わかりました」

とコマサが引き受け、渡と病室に入って行った。

コマサは、裕次郎がお気に入りの映画『栄光への5000キロ』のロケの思い出話から雑談を始め、裕次郎が乗ってきたところで、

「ナイロビのホテル。あのサンドイッチにゃ、まいりましたね」

と食べ物に話題を振っていく。

「そうそう、干からびていて、サンドイッチが煎餅みたいになっていたけど、ほかに食うもんがないからしょうがねぇもんな。そういや、コマサ、お前がヤギを追いかけたことがあったな」

ニヤニヤしながら言った。裕次郎はたまに会社に顔を出すと、『栄光への5000キロ』を上映させ、社員たちと酒を飲みながらワイワイやるのを楽しみにしていたが、そのときに裕次郎が面白おかしく語って聞かせる話題の一つで、渡は何度も聞いていた。

コマサが裕次郎に食べてもらおうとマサイ族からヤギを買って繋いでおいたところ、逃げだしてしまい、あわてて追いかけた。撮影中のことで、走っている男を目にした裕次郎が、

「ちょっとカメラを止めろ。あそこに走っている人間がいるぞ」

「ヤギを追いかけているみたいですよ」

「あっ、コマサだ！」

双眼鏡をのぞいた裕次郎が素っ頓狂な声をあげた――というエピソードだ。

「で、昼飯はヤギの丸焼きでしたね」

コマサが食欲をそそるつもりで肉の話にもっていったところが、

「もういいよ」

と裕次郎は顔をしかめた。

ヤギの皮をナイフで剥ぎ、棒に刺して焼いたことを思い出したのだろう。裕次郎は残虐なことが苦手で、ヤギの肉が焼けたときには気持ちが悪くなって車に引っ込んでしまったのだ。この思い出話は逆効果になってしまったようで、コマサが助けをもとめるように渡を見やった。

コマサの〝変化球〟と違って、渡は何事も直球勝負だ。

「どうして食べないんですか」

ズバリと言うだけでなく、

「それでも天下の石原裕次郎ですか。たったこれだけのメシも食えないで、何がタフガイですか！」

ケンカ腰で迫るのだ。

挑発であることはわかっているはずなのに、裕次郎はストレートに反応してムッとした顔を見せる。

「テツだって、入院していたときは俺と同じだったじゃねぇか」

ブツクサ言いながらも、箸を手に取る。子供のようなこの稚気が、裕次郎の魅力でもあった。

渡の入院とは、石原プロに入社して二年目の昭和四十八年、左胸膜陳旧性癒着性肋膜炎でNHK大河ドラマ『勝海舟』の主役を降板し、国立熱海病院で長期の闘病生活を送ったことを指す。

当時、渡が落ち込んでいるときなど、

「テツがこの調子じゃ、もうダメかもしれないな。そろそろ喪服を用意しておいたほうがよさそうだ」

と、見舞った裕次郎は挑発し、ムッとさせることで渡の闘争心に火をつけた。その同じ手法を、今度は渡が裕次郎にとっているのだった。慰めたり励ましたりするほうが、精神的にはどれほど気が楽だろうか。心を鬼にすることができるのは、本気で相手のことを思っている人間だけなのだ。

縦の物を横にもせず、ましてわが家の食料品など一度も買いに行ったことのない渡が、青山のスーパーマーケットに行って、メモを片手に野菜や果物を買う。裕次郎のために野菜ジュースをつくるのだった。

裕次郎の回復には、食事とともに肺機能の強化が優先課題であった。実は、裕次郎は公表はしていないが、会社倒産の危機当時、結核で入院したときに肋骨を切開している。そこに今度の大病である。呼吸の力が弱く、浅くなっている。これを回復させるため、医師の指示で風船をふくらませていたが、そんな単調なリハビリをいつまでもやる裕次郎ではない。すぐに飽きてしまう。

医師に相談すると、

「そうですねぇ。心肺機能を高めるためには歌なんかいいんですが」

と言うが、「リハビリのために何か歌ってくださざい」と言って、素直に聞いてくれる人ではない。

「そんな面倒なことができるかよ」

と、うんざりした顔を見せるのが関の山だ。

それでも裕次郎は渡に応え、『岸壁の母』や『ラバウル小唄』などを歌ったりした。

こうして裕次郎は着実に回復をとげ、手術後四十六日目の六月二十一日、まき子夫人と慶應病院屋上の手すりに並んで立つと、中庭に詰めかけたファン約五百人に感謝の手を振った。手術以来、初めて公の場に見せる裕次郎の姿だった。

報道陣が記者、カメラマン合わせて約三百人、上空をテレビ局のヘリコプターが三機、プロペラの爆音を立てて旋回し、裕次郎の姿を撮っている。テレビ局のなかにはカメラを積み込んだ高さ四十メートルのクレーン車を用意し、裕次郎夫妻のアップを狙っていた。民放全局が緊急特番を組んで生中継をするという異例の事態になっていた。

現場を仕切らせたらピカ一のコマサが、マスコミ各社とも過不足のない絵柄が取れるようハンドマイクでスタッフたちに指示を飛ばしながら、

〈これが石原裕次郎というブランドなのだ〉

と、コマサは震えるほど感動を覚えていた。

裕次郎夫妻が手を振って病室に引き上げ、屋上から姿が消えると、記者たちがコマサを取り囲んで、今後の石原プロについてコメントを求めた。

「石原さえ生きて頑張ってくれていれば、石原プロは大丈夫です。石原は仕事をしてくれなくてもいいんです。いてくれるだけでいい。石原は太陽と同じでしてね。空で輝いてくれていれば、それでいい。現場は私たちがやることです」

言ってから、改めて気づいた。そうだ。社長は生きてさえいてくれればそれでいいのだ。あとは俺たちで「石原裕次郎」という看板を背負ってやる。このときコマサは『西部警察ＰＡＲＴ-Ⅱ』の具体的な内容が閃《ひらめ》く。六月二十三日には一般病室のある１号棟五階

１５０３号室へ移った。一般病棟へ移ったことは回復が順調に進んでいることを示し、朗報を知った日本中のファンが胸を撫で下ろした。前日の二十二日、石原プロとテレビ朝日は十月で契約が切れる『ＰＡＲＴ-Ⅰ』の放送延長を決定し、翌年の昭和五十七年四月まで続けると発表した。

九月一日、裕次郎は慶應病院を無事退院する。見舞い客一万二千人、激励の手紙五千通、花束二千束、そして千羽鶴は一千束を超えた。石原裕次郎は存在そのものがスーパースターであることを国民は思った。

退院後、裕次郎の強い意向で、十月に渡が石原プロの副社長に就任する。「自分はその器ではない」と固辞したが、裕次郎に頭を下げられ、コマサに「泥はすべて俺が被る」とまで言われては、引き受けるのが男であり責務だと自分に言い聞かせた。石原プロの負債はすでに片付いている。遠からず、俳優としていろんな役に挑戦できる日がくるだろう。それを心待ちにしなかったと言えば嘘になる。渡はその気持ちを封印した。

第１０３話で視聴率20パーセントの壁を破って以降、コンスタントに20パーセント台をキープしている。ＮＨＫ大河ドラマの裏番組は不毛であるという神話を『西部警察』は見事に打ち砕いた。テレビ朝日から早々に『ＰＡＲＴ-Ⅱ』の製作を切望されているが、単なる「続篇」では視聴者は満足しまい。内容もさることながら、これをビジネスチャンスとして拡大できないか。

これがコマサの考えだった。

〈できる。一石二鳥の手がある〉

コマサは笑みを浮かべた。

「首から下のことは、私とテツでやる」

コマサが考えた『PART-Ⅱ』は「日本全国縦断ロケーション」だった。地方都市を舞台に大門軍団が活躍するという〝ご当地めぐり〟のアクションテレビ映画だ。

コマサが石原プロで幹部たちにまくしたてる。

「スーパーマシンをガンガン走らせ、大門軍団が所轄を飛び出して日本全国を縦断する。どうだ、ワクワクするだろう。それだけじゃない。地元企業とタイアップして別途広告費を取る。一話三千万と見込んでいる。これを全国展開するんだ」

「稼ぐためにロケをするのかい？」

渡が異を唱えた。

「そうだ」

コマサは引かない。

「批評家やメディアが、いくら素晴らしい作品だと評価したところで、興行として成り立たなければ〝負け犬〟だ。石原プロは映画が立て続けにコケて、社員は辛酸を嘗めたじゃないか。テレビもおなじで、高視聴率を狙うのは、スポンサーを集める手段であって目的じゃない」

言葉を切ってから、

「高視聴率を取って喜ぶのは役者の発想だ。製作プロは、そうであっちゃならない。極端なことを言えば、視聴率ゼロでもカネになればいいと発想する。これが経営というものだ。渡さん、あんたは役者だ。同時に石原プロの副社長だ。難しい立場だが、ここを割り切らなければ、石原プロは前に進めないいんじゃないか？　儲からない仕事はやらない。赤字を出す会社は社会悪だ」

コマサは言い切った。

地方ロケで地元企業から協賛金を募るという方法は、コマサが日活の製作主任をやっているときに培ったノウハウだ。

たとえば、コマサが監督にこんな注文を出す。

「あのホテルの看板を大映しにしといてくれ」

「あの呑み屋のネオンも頼む」

「それから、そのレストランも」

言われた監督は首を傾げながらも、製作主任が言うままに撮る。コマサが地元の飲食店やホテル、企業をまわって、

「映画でっせ。お宅の宣伝になりますよ」

と言って協賛金を集めていたのだ。

コマサがポケットに入れるのではない。ロケは限られた予算で行われるので、撮影のあと一杯やる費用までは出ない。そこでコマサが「皆さんで一杯やってください」と監督やカメラマンに渡すというわけだ。だからコマサは製作主任として、監督たちから引っ張りだこになったのである。

これを『西部警察』でやろうというわけだ。視聴率20パーセント台の人気番組だ。地方ロケの誘致は、テレビ朝日を通じて系列局から募ればよい。

「これは大きなビジネスになる」

とコマサが締めくくり、打ち合わせは終わった。

渡は釈然としない思いでいた。コマサの言うことはよくわかる。スポンサーの自主営業をテレビ朝日に認めさせたことも画期的だが、さらにその上を行こうというのだ。たいしたものだ

と感心する。それでも引っかかりを覚えるのは、コマサが言うように、渡が俳優であるからかもしれない。稼ぐために好演するのではなく、好演した結果が稼ぎにつながる。そうあるべきだという気持ちは拭いがたいものがあった。

その気持ちをコマサは察したのだろう。

「渡さん」

と、穏やかな口調で話しかける。

コマサは渡が副社長になって以来、改まったことで相談するときにこう呼ぶようになった。

「製作というやつは、予算通りにやってたんじゃだめなんだ。一億円で仕事を受けて八千万で製作し、二千万儲かった——というのはビジネスじゃない。テラを切るヤクザ商売だ。たとえば裕次郎で一億円という製作費を提示されたら、〝これに渡哲也をくっつけますから、予算を一億五千に増やしてくれ〟と交渉する。これがビジネスというものだ。つまり土俵を大きくするんだ。相手の土俵は狭い。相手の土俵で相撲を取ってたんじゃ、いつまでたっても勝つことなんかできっこないさ」

渡は黙って聞いている。

「渡さんも知ってのとおり、俺の仕事は赤字には絶対にしない。赤字は犯罪だからだ。赤字になるっていうことは、社員にしわ寄せがいく。月給を出せないのは犯罪だろう？　その経営者は犯罪人じゃないか」

渡が小さくうなずきつつも、「なぜ稼ぐのか」「稼いでどうするのか」「そもそも石原プロは何のために存在しているのか」と自問していた。答えはわかっている。社長が繰り返し言うように、「石原プロとして映画を撮る」――すべてはこの一点に集約される。コマサも、それはわかりすぎるくらいわかっているはずだ。だが、手段は往々にして目的を凌駕《りょうが》することがある。渡の懸念だった。

その夜、渡とコマサは四月に完成した世田谷区成城四丁目の新居に、退院した九月一日から静養している裕次郎を訪ねた。『PART‐Ⅱ』の企画を説明し、裕次郎の了解を求めた。映画を撮るためにテレビでメシを食う。裕次郎は明快に了解の返事をしてから、

「で、コマサ。俺は何をすればいいんだ?」

「何もしないで。じっとしていてください。あなたは石原裕次郎であることが仕事なんです。首から上のことだけ考えてくだされればそれでいい。首から下のことは私とテツとでやりますから」

夏場は平均気温を上回る暑さであったが、初秋から暮れにかけて一転、気温の低い日が続き、

気象庁は異常低温の年だと発表した。裕次郎の体調が懸念されたが、幸い風邪ひとつひかず、健康を取りもどしつつあった。

主治医のアドバイスを仰ぎ、裕次郎の復帰は年明け二月二日放送予定の『西部警察』第124話「─木暮課長─不死鳥の如く・今」に決まった。五月三十日から放送開始予定の『西部警察PART‐Ⅱ』にも出演する。初回からの登場にスタッフは沸いた。どういう形で裕次郎と『PART‐Ⅱ』の新鮮味を出すか。テレビ朝日も交え、連日、白熱した撮影プランが練られていた。

一方、喫緊《きっきん》の課題として、石原プロ恒例の大忘年会をどうするかということがあった。毎年、山梨県の石和温泉「石和グランドホテル」の大広間で行われる。関東屈指の収容規模を誇り、ここに五百人を超える人が集まる。規模とハデさにおいて芸能界一の忘年会だった。

その夜、いつものように石原邸に渡とコマサが顔を出し、裕次郎を交えて話を詰めていた。招待状の発送の都合もあり、早急に結論を出す必要があった。

「今年は中止にしたらどうですか」

渡が裕次郎の身体を気づかって言った。五百人からの人が集まれば、風邪をひいている者も少なからずいるだろう。

「奥さん、どうでしょう?」

コーヒーを運んできたまき子夫人に渡が同意を求めた。

身体を気づかうまき子夫人は心配でならない。「う、うーん」と曖昧な笑顔を見せた。

コマサは「やるべきだ」と主張した。

「九月に退院した。石原裕次郎は、これこのとおり完全復活しましたというお披露目になる。世話になった人、心配をかけた人にお礼も言わなくちゃならない。だから今年の忘年会でなくちゃだめなんだ」

渡は裕次郎という個人のことを思い、コマサは裕次郎を頂点とする石原プロ総体に思いを馳せる。「石原裕次郎」というブランドを守り、それを最大限に活かすことが、裕次郎に仕える自分の使命だとする。山頂に至る登山道がそれぞれ異なるように、裕次郎を思う気持ちは同じであっても、仕え方は違っていた。

「よし、やろう」

裕次郎が言った。自分の健康を気づかって恒例の公式行事を中止にする男ではなかった。それを承知しながらも、渡は無理はして欲しくないという思いから、中止を進言したのだった。

十二月二十六日、石和グランドホテルで大忘年会は挙行された。三時間半にわたる壮観なお祭りであった。福引きは日産自動車のグロリアを特賞として豪華賞品がずらりと並び、抽選のたびに会場が沸いた。

お開きになり、それぞれが部屋に引き上げたあと、渡が舘ひろしや峰竜太、さらに〝大門軍団〟を引き連れて各部屋をまわり始める。

「お客さん、一曲いかがですか」

と声をかけ、舘のギター伴奏で、渡も混じって『若者たち』を合唱する。客は恐縮するやら驚くやらで、いっしょに口ずさむ。これが石原軍団の大忘年会であった。


忘年会から二日後の二十八日、調布市染地の石原プロで、仕事納めと、社長・裕次郎の復帰祝いを兼ねて餅つき大会が行われた。まき子夫人も、これには参加した。裕次郎夫妻に社員一同から花束が手渡され、温かい拍手に包まれた。

「乾杯！」

コマサの音頭で、裕次郎と渡がグラスを高く掲げる。嬉しいことがあると「餅つこうか」が口癖のコマサが満面の笑みを浮かべている。渡の屈託のない笑顔は珍しかった。裕次郎の眼が、やさしく微笑んでいる。新しい年に向け、裕次郎を渡とコマサが支えながら一丸となって突っ走っていくのだ。

そして三日後の大晦日、石原プロ社員の寺尾聰が『ルビーの指環』で日本レコード大賞を受賞する。祝福すべきこのことが、やがて「鉄の団結」に亀裂を生じさせることになる。

渡もコマサも、寺尾が石原プロのなかで浮いていることに懸念はしていた。だが『ルビーの指環』の大ヒットが、やがて寺尾の〝勘当〟につながっていこうとは、このとき思いもしなかった。

いわゆる寺尾聴問題

大晦日の深夜、池上本門寺の除夜の鐘が、一定の間隔を保ちながら余韻を引いて渡宅の庭に流れてくる。

渡が薪をくべると、赤々と燃える焚き火が爆ぜた。

舘ひろしが腕時計に目を落として、

「新年、明けましておめでとうございます。本年もよろしくお願い申しあげます」

あらたまって渡に頭を下げると、

「こちらこそ、よろしく頼む」

渡も律儀に頭を下げた。

二人の声を追うように白い吐息がもれ、焚き火の熱に消えて行く。

毎年大晦日は裕次郎のお伴をしてハワイに出かけるのだが、今年は大事をとって裕次郎は自宅で過ごしている。そんなわけで、渡は舘を招いて焚き火を楽しんでいる。渡がそうであるように、舘は渡の男気に心酔していた。

「社長、起きてらっしゃいますかね」

「起きてるだろう」

「新年を迎えて感慨はひとしおでしょうね」

「俺だって思いは社長と同じだ」

話題は自然と裕次郎のことになるのだった。

渡がこの家を建てたのは、石原プロに入って間もなくの頃だった。

夫人の両親、さらに、いずれ自分の両親を淡路島から呼ぶことも考えれば、かなり大きな家になる。

「テツはまだ三十だろう。家はカネを貯めてからでも遅くはないぞ」

コマサが言った。石原プロが多額の負債を抱えていた頃だから、番頭の立場としてはそう言うだろう。

ところが、裕次郎はこう言った。

「テツが家を建てたいと言っているのだから、そうさせてやれ。家を建てるということは城を構えることにも等しい。男というのは、そうなれば、その城のように育っていくものだ。俺が保証人になるから、いくらかかってもいいからテツに家を建てさせろ」

この一言に意を強くし、渡は思い切って家を建て、いまこうして焚き火を楽しんでいる。日活撮影所での出会いから今日まで、自分は裕次郎の背中を見続けて走ってきた。副社長を拝命したいま、もし石原プロの若い俳優が家を建てたいので保証人になってくださいと言って来たとすれば、自分は裕次郎さんと同じことが言えるだろうか。渡は焚き火で顔を赤く染めながら、そんなことを自問していた。

「専務は、今夜は年越し麻雀でもしているんでしょうね」

舘の声で、渡が我に返る。

「タフだな。浮き袋を持たないサメといっしょで、じっとしていたら沈んでしまうんじゃないのか」

「確かにガブリついたら離さない人ですね」

二人して笑った。

裕次郎の回復が、心を浮き立たせているのだろう。

午前零時をまわったところで、裕次郎は「若水《わかみず》」——今年最初の水をひと口飲んだ。

「古来より日本の風習だけど、最近の若い子は、若水という名称すら知らないんだな」

まき子夫人に言うと、

「あら、大病のせいで信心深くなったのかしら」

と笑った。

マスコミには明かさなかったが、入院していた慶應病院の病室は応接間があり、そこに設えてある洋服ダンスの上に裕次郎は神棚をつくった。奇跡の生還は、医学とか科学を超えた何かがあったとしか思えない。その何かに感謝の気持ちをあらわそうとするなら、神さまに手を合わせることしかないのではないか。そう思って神棚をつくったのだと、裕次郎は語っている。

深夜、今年最初の風呂に入る。シャツを脱ぐと、鏡に裕次郎の裸が写る。ノド仏あたりから胃の上まで約二十八センチ。メスで切開した傷が一本のケロイド状の線になって走っている。大病の証であり、同時に渡やコマサ、そして社員たちが必死に支えてくれた友情の証でもある。「恩を心に刻む」という言い方があるが、〈自分は生涯消えることのない疵として身体に刻んだのだ〉と、裕次郎は思った。

風呂から上がると、紅白で寺尾が濃いサングラスをかけ、『ルビーの指環』を歌っていた。

「アキラ、忙しいでしょうね。今年はテレビに出ずっぱりだもの」

まき子夫人が感心するように言った。

裕次郎が動脈瘤で倒れる二カ月前の昭和五十六年二月五日、寺尾聰にとって五枚目のシングルとなる『ルビーの指環』が発売された。発売当初はさほど売れていなかったが、シンプルで叙情性があり、テンポのよさが受けたのだろう。徐々に火がついていって、発売二カ月後にはオリコンシングルチャートで一位にランク。二カ月で百八十万枚の売上は日本記録となる。さらにTBS系『ザ・ベストテン』で十二週連続一位は、同番組の最長記録だった。そして、日本レコード大賞の受賞。霞が関にあった東芝EMIのビルは『ルビーの指環』が大ヒットのあとに建てられたことから、「寺尾ビル」とも呼ばれた。

石原プロにも収入面で大きく貢献した。石原プロの五十六年度の年間売り上げ三十億円のうちの二億円——七パーセントを稼ぎ出した。寺尾もこの年の収入は七千七百八十七万円。個人所得番付で、俳優部門の十四位にランクされた。石原プロに入って十七年。『西部警察』で活躍し、俳優としても売れっ子になっていた。

三十四歳を迎え、花開く前途への自信は、傲慢《ごうまん》と紙一重でもある。寺尾の言動が周囲の者の神経を逆撫ですることもあっただろうし、マスコミに対して思い上がりによる傲慢もあった。石原プロは音楽をビジネスにする気はない。裕次郎も渡も数多くのヒット曲を持っているが、これは余技だ。石原プロはあくまでも活動屋の集団であり、レコードを出すのは役者としての幅を広げさせるためだった。

この考え方に、寺尾と微妙なずれがあった。寺尾はかつて「ザ・サベージ」というバンドを組み、作詞・作曲をしていた音楽人間だ。石原プロに入ってからも作曲を続け、そのなかの一曲が『ルビーの指環』であった。若手人気俳優になっていたが、これは作品としての総合力によるもので、歌手の世界は違う。歌手は個人技で「主役の座」をつかむことができる。そして、自分にだけスポットライトが当たる快感。そこに寺尾は醍醐味を覚えていたのではなかったか。

俳優を辞める気も、石原プロから独立する気もなかった。俳優としても活躍し、歌手としてもヒットを飛ばす。寺尾が描いた人生の青写真であった。

だが、石原プロというチームを優先するコマサは激怒し、こう言った。

「石原プロでわがままは通用しない」

コマサにしてみれば当然のことだったが、寺尾にしてみれば目の前のビッグチャンスをつぶそうとしていると思った。これまでコマサにはさんざん世話になったし、信頼をしている。それはわかっている。色々なことでコマサは庇ってきてくれた。ならば、自分にもっと協力してくれてもいいではないか。それが寺尾の言い分であっただろう。「自分の立場」でしか物事を見ようとしないのは、人間の性でもある。寺尾とコマサのあいだに生じた感情的な齟齬《そご》は、不信感となり、さらに石原プロのスタッフたちとの亀裂に発展していく。

裕次郎が入院し、生死をさまよっているときだった。渡もコマサも病院内の敷地に止めた車で寝泊まりし、石原プロのスタッフは撮影が終わると、これも敷地内に張られたテントに集合

し、見舞い客の受付や応対に追われていた。昼も夜もなかった。寺尾も顔を出しはするが、しばらくすると、

「お先に！　歌の仕事が残っているので」

そう言い残して、さっさと病院をあとにする。悪気あって言ったのではないにしても、後ろ姿を見やるスタッフたちは、どんな気持ちがしただろうか。そのことに思いを馳せるだけの気づかいが、たぶん寺尾には欠けていたのだろう。スタッフたちの寺尾を見る視線は、次第に冷ややかになっていくのだった。

渡も、寺尾のそんな様子は耳に入っている。

裕次郎が退院し、コンサートが多忙を極めるようになった秋口以降、寺尾の態度がますます増長しているという話も聞こえていた。渡の性格からすれば、寺尾を呼びつけて問い質すなり、返答によっては鉄拳のひとつもお見舞いするところだろうが、我慢していた。寺尾は新劇界の重鎮である宇野重吉の末っ子で、裕次郎は宇野に恩義があり、渡はそれに配慮していたのである。

話は、映画『黒部の太陽』にさかのぼる。この作品は、裕次郎がコマサに助けを求めたように、撮影そのものが難関であっただけでなく、企画段階から「五社協定」の壁に阻まれて、暗礁に乗り上げていた。

五社協定というのは各大手映画会社の間で交された協定で、所属俳優の引き抜きはもちろん、貸し借りもしないという〝不可侵協定〟であった。裕次郎もこの協定は知っている。だが、身勝手な企業エゴがまかりとおること自体がおかしい。古い体質に俺の手で風穴を開けてやる――そんな正義感もあった。

ところが五社は総力をあげて裕次郎をつぶしにかかった。俳優たちは出演オファーに二の足を踏んだ。古巣の日活ですら、スタッフたちは裕次郎にそっぽを向き、挨拶すらしなかった。

「撮影所では黒部の〝く〟の字も、石原の〝い〟の字も禁句なんです」

とスタッフの一人がそっと裕次郎に打ち明けるほど、五社の締めつけはすさまじかった。

その苦境を見て、

「裕次郎がやるんだから、総出演で協力してやろうじゃないか」

と救いの手を差しのべたのが、劇団『民藝』を率いる宇野重吉だった。新劇界の重鎮のこの一言によって、多くの俳優が馳せ参じるのだった。

「宇野さんがいなかったら、『黒部』はできなかった」

と、裕次郎はことあるごとに渡に話し、寺尾についてこう言った。

「そんなこともあって、アキラをウチで預かることになったんだ。宇野さんとしては、倅《せがれ》が役者として使いものになるかどうか、試してみようとしたんだな」

こうした経緯を知っているからこそ、渡は寺尾には手を出さなかったのである。裕次郎を差し置いて寺尾に意見する人間ではない。寺尾をどうするかは社長が決めること——渡は自分にそう言い聞かせていた。

情と非情の狭間の決断

事件は年が明けた三月三十日に起きる。

この日、神戸の国際会館で寺尾のコンサートが開かれた。コマサと寺尾の関係は依然として冷え切っていたが、寺尾は「石原プロ」の看板を背負っている。コンサートの成功は石原プロのためでもある。コマサはマスコミ各社に「ぜひ取材してやってください」と呼びかけた。

ところが——。

コンサート当日、寺尾は取材記者を閉め出したのだ。

寺尾は言った。

「無料の取材記者を入れるなら、一人でも多くのファンに見てもらいたいんです」

マスコミよりファンを大切にする。これはこれで、ひとつの見識だろう。「取材してやってくれ」と呼びかけたのはコマサの勝手だと言えば、そのとおりだろう。

だが寺尾は一社――個人的に親しい「週刊明星」と地方紙のカメラマンだけを会場に入れ、写真撮影をさせていた。それが掲載されたのである。

コマサの、いや石原プロのメンツは丸つぶれとなった。石原プロが軍団と呼ばれるバックボーンは「信義」にある。その信義を寺尾は穢《けが》したのだ。東芝ＥＭＩもあわてた。すぐさまコマサと東芝ＥＭＩは連名で関西のメディアに詫び状を出したのである。

さらに寺尾は、石原プロに無断でポスターやカレンダーを制作すると、勝手に販売を始めた。組織の一員として許されざることだった。

社長の裕次郎の耳にも入っている。

コマサは寺尾が気になった。寺尾に「石原プロのなかで一番信頼している男」と言わしめたコマサである。コマサは恩になった宇野重吉から「せがれを頼む」と言われ、とくに目をかけてきた。

「仕事も自由にやらせた。それを社長も許していた。なんとかしてやりたい」

コマサは動いた。

翌日、芸能部長の仲川幸夫が専務のコマサの命を受け、寺尾のコンサート会場である四国の高松に飛んだ。コンサートが終わった翌朝、ホテルで寺尾の本心を聞いた。

寺尾はマスコミとの関係について器用でなかった心情を吐露し、

「もう一度、社長の恩に報いる機会が欲しいんです」

と胸のうちを語った。

「うちに残りたい、ということ？」

「ええ、僕は残りたい。僕の気持ちを社長に伝えて欲しいんです」

そのまま社長にこの話を伝えれば、その性格からして許してくれるかもしれない。仲川はそう読んだ。

「専務から社長に話してもらう」

仲川の言葉に、寺尾は眼をしばたかせた。

夕方の飛行機で東京に戻った仲川は、すぐにコマサに報告した。残りたいこと、反省していること、そして涙を浮かべたこともつけ加えた。

仲川からの報告を受けたコマサは、すぐに裕次郎に連絡を入れた。この時までコマサも仲川同様に、〈社長は寺尾を許す〉と信じていた。

裕次郎は、寺尾を成城の自宅に呼んだ。

「アキラ、お前はどうしたいんだ？」

「役者を続けたいし、歌手も続けたいんです」

「うちは活動屋だ。いずれ映画を撮ることを目標に、みんなして頑張っている」

裕次郎が諄々《じゅんじゅん》と諭す。

「石原プロという会社は、踏み台にして外で活躍するためにあるんじゃない。映画製作をするために、みんなして担ぐ神輿だ。担ぐのがしんどいというなら、ほかで頑張ったほうがいい」

そんな会話が三時間に及んだが、

「自分一人でやっていきます」

寺尾が出した結論だった。

裕次郎がうなずいた。

「わかった。アキラ――」

「はい」

「男は誰でも現状がまどろっこしく見えることがある。だから、一人で駆け出したくなる。だけど、駆けるなら足元をきちんと見ることだ。転ばないようにな」

やさしく微笑み、慈悲の眼で寺尾を見た。

「ありがとうございます。長いあいだ、お世話になりました」

寺尾はそう言って頭を下げ、帰っていった。

十七年もいた寺尾が、石原プロを去っていく。

愛別離苦は世の定めとはいえ、切ないものだ。

〈あれはいつのクリスマスだったろうか……。アキラがうんと若いとき〉

と、裕次郎が昔を振り返る。

「社長、メリークリスマス！」

寺尾と神田正輝がクリスマスケーキを持ってやって来た。

「男ふたりでクリスマス・イブというのは味気ないもので」

と寺尾が笑った。

裕次郎はまき子夫人とクリスマスを祝っていて、六十二年もののドンペリニヨンを抜いたところだった。エリザベス女王が愛飲しているという高級シャンパンだが、彼らに飲ませても味がわかるかどうか心許なかったが、クリスマス・イブに免じて、

「飲んでみろ」

と言って、グラスに満たしてやった。

みんなで乾杯し、寺尾は一気に干してから言った。

「社長、うまいサイダーですね」

屈託のない笑顔を見せたものだった。

その聴が去った。

裕次郎がコマサに電話をする。

寺尾の話をしてから、

「コマサ、お前には辛抱させたな」

と告げた。

――いえ。

「俺には子供がいないけど、子供に去られるときの父親の気持ちってのは、こんなもんなのかな」

――社長……。


仲川はコマサから電話をもらった。

――寺尾は独立させる。社長の断だ。

コマサは短く告げた。

仲川は慄然とした。

「まさか社長が……。寺尾は泣いて謝っているんですよ」

――組織は規律で動く。諸葛亮《しょかつりょう》は、泣いて家来の馬謖《ばしょく》を斬った。

「わりました」

包容力で誰からも慕われる裕次郎の、組織人として裡に秘めた孤独を仲川は思わないわけにはいかなかった。

仲川には後悔が残った。芸能部長として、苦悩していた寺尾のナイーブな性格をもう少し早く理解して、心を割って話をする機会を持っていたなら、事態は変わっていたのではないかと。

五月四日、東京赤坂の東急ホテルで、石原プロが記者会見を開き、コマサが険しい顔で寺尾聰の「勘当」を発表した。突然の発表に記者たちからどよめきが起こるなか、コマサが続ける。

「アーチストとして、俳優として、これだけ商品価値が高くなったいま、独立させるというのは奇異に感じるかもしれませんが、石原は『かわいい子には旅をさせる。いちおう勘当ということにしよう』と言っております。寺尾のお父さんである宇野重吉先生にも、了解していただきました」

裕次郎も渡も、記者会見までして発表しなくてもいいのではないかと難色を示した。

「タレントが入社しました、退社しましたなんてのは、会社と本人の都合であって、世間にゃ関係のないことだ。わざわざ記者さんにお出まし願うのも申し訳ないじゃないか」

裕次郎はそう言ったが、

「寺尾はいま注目されていますから、黙っているとマスコミに、あることないこと書かれますよ。間もなく『ＰＡＲＴ‐Ⅱ』のロケが始まります。いまのうちにきちんとけじめをつけておかなければ、作品もウチも傷がつく」

コマサは口には出さなかったが、万が一、寺尾が保身のため石原プロの批判をすれば、イメージダウンはまぬがれない。石原プロは『西部警察ＰＡＲＴ‐Ⅱ』をひっさげ、これからさらなる飛躍を目指す。それに水を差すようなことは絶対にあってはならない。

「だから記者会見は早いほうがいい」

というコマサの説得で、この日の記者会見になったのだった。

情《じょう》は人の心を動かす。だが、情に流されると足もとを掬われる。組織を牽引する者は、常に情と非情の狭間で決断を求められるのだ。

三週間後の五月二十三日、調布の日活撮影所で「全国縦断ロケシリーズ」の出陣式が予定され、『ＰＡＲＴ‐Ⅱ』の撮影ロケ隊が静岡に向けて出発する手はずになっている。裕次郎も静岡ロケに参加する。奇跡の生還から初めてファンの前に俳優として姿を見せる。『西部警察』の成功で、資金は着実に蓄えられている。

「よし、そう遠くない時期に映画を撮るぞ」

白い歯がこぼれ、裕次郎の顔が輝く。その笑顔は、まるで太陽が東の空を昇っていくようだと渡は思った。

石原プロを離れたあと、寺尾が俳優として蘇るまでに永い年月がかかった。

第四章

旋風と席巻

インパクトこそ、石原プロの命

昭和五十七年五月十九日早朝、石原プロが本拠地とする日活撮影所は、撮影キャラバン隊が待機していた。大型車輌や特殊車輌など四十一台にオートバイ三十台。スタッフは総勢百二十名という大所帯で、まさに〝戦闘軍団〟を思わせた。

午前五時半、渡哲也とコマサをしたがえるようにして、焦げ茶のコールテンの上下にサングラスをかけた裕次郎が、ゆっくりとした足取りで姿を見せる。ファンや報道陣、そして近隣から集まった多くの人たちから拍手が起こる。「西部警察全国縦断ロケーション」の出陣セレモニーがこれから始まるのだ。

裕次郎が挨拶に立つ。

「これから十日間の大変ハードなスケジュールでありますけど、ロケーション、ケガのないように、そして身体を壊さないように、そして頑張っていきたいと思います」

一語ずつ区切り、力強く、噛みしめるように言ってから、一転、人なつこい笑顔を見せると、

「えー、わが社には一人、お祭り好きな男がおりまして……」

そばに控えるコマサを見やる。慶應病院で行われた連日の記者会見で、コマサはすっかり有名人になっており、ドッと笑い声が起こる。

そのコマサの仕切りで、六百個の風船が青空に放たれ、ブラスバンドが力強い曲目をメドレーで演奏する。

「景気よく花火を打ち上げましょうや」

と、打ち合わせのときにコマサが提案したが、さすがに早朝の花火は近所迷惑だろうと、裕次郎がたしなめたのだった。

出陣セレモニーが終わると、渡哲也率いる撮影キャラバン隊は静岡に向け、エンジン音を響かせながら、撮影所を出て国道を西下して行く。五月の空はどこまでも抜けるように青く、太陽が眩《まばゆ》く昇っていた。

見送る裕次郎は感無量であった。昨夜は興奮で一睡もできなかった。一年前、自分は生死をさまよった。生還率3パーセント——百人が手術を受けて九十七人が亡くなるという絶望をかいくぐり、いまここにこうして立っている。「奇跡」と言ってしまえばそれまでだが、この

言葉に込められた命はとてつもなく重いものに感じられるのだった。

ご当地を舞台に物語を製作し、地元企業から協賛金を募るという「全国縦断ロケーション」はドラマのスケールアップのため、経営的見地から発想したコマサの企画だったが、テレビ朝日系列各局が進んでロケ地誘致に名乗りをあげたのは、裕次郎が退院するときにつぶやいた一言も大きく影響していた。

裕次郎は言った。

「入院中、日本中のファンから多くのお便りをちょうだいした。さまざまのメッセージ、励まし、お見舞い、熱い応援……。心強かった。身体が回復したら、お礼を言いに全国をまわりたいな」

これをそばで聞いていたコマサが、

「それでいきましょう」

と応じ、記者発表の場で「日本全国縦断ロケーション」の趣旨として語り、静岡県を皮切りに広島県、北海道などロケーション撮影のスケジュールが発表された。裕次郎はお礼行脚《あんぎゃ》のため、渡は『西部警察』のアピールのため、そしてコマサはこれをビジネスとして成功させるため、三位一体となったトロイカが『ＰＡＲＴ‐Ⅱ』を牽引していく。

静岡ロケは五月十九日から二十九日までの十一日間が予定され、第10話「大追跡!! 静岡市街戦―静岡・前篇―」、第11話「大激闘!! 浜名湖決戦―静岡・後篇―」の二作を撮る。ストーリーは二つの凶悪な組織――M-16ライフルの武器密輸組織と、その武器を奪って金塊強奪を狙う不動産屋を装った犯罪組織を追って静岡に現れた大門軍団が、壮絶な闘いを繰り広げるというもので、スリリングな展開になっている。

五月二十四日、多くの報道陣が待ち構えるなか裕次郎は新幹線で静岡に入った。地元紙の記者に体調を問われ、裕次郎が答える。

「塩分を一日八グラムに制限されていますので、かみさんが書いたメモをコマサが持ってホテルの調理師さんに渡してあります。あとは何も心配ない」

静岡でのロケ協力は、テレビ朝日のネット局「静岡けんみんテレビ」が担当した。同局にコマサから要請が入ったのは二月四日のことだった。

「第一段はぜひ静岡でやりたい。ついてはロケ費用三千万円の地元協力をお願いしたい」

単刀直入に言った。三千万円の協賛金を集めるため、静岡けんみんテレビに協力して欲しいということだ。

これ対し、局内では反対の声が上がった。

「ローカル局の力量に余るのではないか」

と危惧したのだ。

第一弾ということなので前例がなく、三千万円の協賛金を集めるだけのメリットがあるのかどうか。慎重になるのは当然だったが、

「ここで、ウチの存在感を示したい」

という編成部の熱い思いが反対を押し切ったのだった。

さっそくコマサが石野プロデューサーや脚本家、撮影スタッフらを引き連れ、静岡にロケハンに赴いた。富士サファリパーク、駿府城、浜名湖など、県内の観光地を見て歩く。コマサは日活時代、製作主任として全国を駆け回っており、ロケハンはお手のものだ。石原プロ製作『栄光への5000キロ』では、裕次郎の命を受け、一人でアフリカにロケハンし、四ヵ国五千キロを車でまわっている。そんなコマサにとって、『西部警察』の全国縦断ロケの仕切りは独壇場であったろう。ロケハンをしながら、カーアクションや爆破シーンなど、仕掛けのアイデアが頭をめぐっていた。

カーアクションは駿府公園内堀通りで撮ることにした。ロケーションとしては静岡色が出ていて悪くないが、第一弾として目玉になるようなインパクトが欲しい。『西部警察』の初回では装甲車「レディーバード」を登場させ、これが大きな話題になって番組のスタートダッシュとなった。番組が話題になればニュースやワイドショー、そして週刊誌や新聞がこぞって取り

上げる。地元企業がＰＲのため協賛金を出すメリットは大きくなり、ロケ協力の地元局も営業がしやすくなる。

「何かねぇかな」

コマサがつぶやき、ロケハン一行は、静岡けんみんテレビのスタッフの案内で浜名湖にまわった。

天気がよく、春風が頬に心地よかったが、コマサ一人が難しい顔をして湖面を凝視している。

「専務、どうかしましたか？」

石野プロデューサーが声をかける。

「あの船だ」

「遊覧船がどうかしましたか？」

「ドカーン！」

「ドカーン？」

「ハデに爆破させるか」

「そんな無茶な！」

と言ったものの、コマサは一度言い出したら後には引かない。頭のなかで遊覧船の爆破炎上シーンを描いている。幸い、遊覧船は今回のロケで宿泊などで世話になっていたリステル浜名

湖の持ち物だった。すぐにホテル・リステルの鈴木長治社長に打診すると、

「それは面白い！」

と、乗り気になり、全面協力を取りつけた。人を巻き込んで話を進めるのは、コマサの得意とするところだった。廃船一歩手前のものを化粧直しすることで爆破炎上の話はまとまった。

「これで間違いなく大きな話題になるぜ」

コマサがニヤリと笑った。


撮影プランの大筋は固まったが、難問がひとつあった。捜査課長・木暮謙三警視――すなわち、裕次郎をどう形で登場させるかである。

「これもインパクトが欲しいな」

浜名湖を眼下にするホテルのティールームで、コマサ、渡、石野、それに主だったスタッフが加わってミーティングが続いている。

「スーパーカーを駆って登場ということもあんじゃないですか？」

スタッフの一人が言うと、

「カーアクションとかぶってしまう」

言下にコマサが否定し、

「俺が言うインパクトとは、社長の完全復活を印象づけるという意味だ。あれだけの大病をしたんだ。世間は〝裕次郎、大丈夫か〟と思っている。この思いを払拭しておかないと『西部警察』のイメージが弱々しくなってしまう。そのためにはビジュアルで見せる必要がある」

裕次郎が復帰しました――と、いくら口で言っても駄目で、どう形で復帰したのか、説得力が問われるというわけだ。

石野はプロデューサーの立場からさまざまな案を口にしたが、渡は黙って聞いていた。俳優は演技するのが仕事――そう思っている。ストーリーの組み立てや人物像の設定は、監督と脚本家の領域であって、演技者が口をはさむべきではない。意に染まなければ、四の五の言うのではなく、出演を断ればいい。それが渡の俳優観だった。そして副社長としての自分の責務は、製作現場をまとめ、遅滞なく撮影を進行させること。渡という男は決して領域を超えることなく、自分を律する。

「そういやぁ、静岡駅は再開発していたな」

コマサが何か思いついたようだ。

「ええ、工事をやっています」

スタッフが返事すると、

「あそこにヘリを降ろしたらどうだ。バタバタバタバタバタってヘリが着陸してきて、中から社長が降り立つ。どうだ？　インパクトがあるだろう。これなら社長の完全復活もアピールできる」

「しかし」

と言いかけて、石野は言葉を呑みこんだ。遊覧船の爆破炎上のアイデアをまとめたコマサだ。懸念を口にしても耳を貸すはずがない。

コマサはすぐさま静岡けんみんテレビの担当責任者である編成部長の島崎征郎に電話をした。

「駅前の再開発地にヘリを着陸させたいんだ。石原がそこから降り立つ」

――ヘリですか！

「許可を取ってくれ」

――駅前にヘリですか……。

「交渉する前から腰が引けたんじゃ、なんにもできんだろう」

こう言われては、担当者も意地でもトライしてみるしかないだろう。

――わかりました。やってみます。

島崎は意を決し、けんみんテレビのあらゆるチャンネルを使って当局と交渉し、許可を得ることに成功する。

撮影当日。赤いペイントの入った一機のヘリコプターがローターの爆音を響かせながら静岡上空に飛来する。大門と大門軍団がそれを見上げる。胴体部に「静岡県警」の文字。ヘリが降下する。着陸してコックピットのハッチが開き、中から小暮課長が降り立つ。駆け寄る大門軍団……。この感動のシーンはマスコミが大きく取り上げ、コマサの目論見どうり、裕次郎の完全復活をイメージづけた。

この日、撮影の様子をひと目見ようと、駅前には一万五千人ものファンが押しかけた。ヘリから裕次郎が降り立つこのシーンは、遊覧船の爆破炎上シーンとともにメディアの報道によって増幅され、「日本全国縦断ロケーション」は初回から強烈な印象を与えることに成功するのだった。

追い風を帆にはらんで

コマサが取ってきた協賛企業の会社名を聞いて、渡が訝った。

「なんだ、その『海洋牧場』っていうのは？」

「かいわれ大根を生産しているんだ」

「かいわれって、あのかいわれかい？」

「そう。大根だからって、畑でつくっていると思ったら大間違いだ。プラント工場で大量生産してるんだ。『海洋牧場』が、協賛企業として真っ先に手を挙げてくれた」

コマサが説明してから、石野プロデューサーに、

「うまくストーリーに組み込んでくれ」

と注文をつけた。コマサは「俺は〝銭ゲバのコマサ〟だ」と、みずから公言して憚《はばか》らず、現場にも数字にも滅法強いが、本質は情の男だ。協賛金もさることながら、真っ先に手を挙げてくれたということに感激しているのだ。

協賛金を集めることに理解はしていても、かいわれ大根を登場させる必然性がどこにあるのか。俳優として作品を主体に考えれば、渡にこだわりがないわけではなかったが、すべては裕次郎と映画を撮るためだと、自分を納得させた。

面食らったのは、石野と脚本家の新井光だ。店やホテルであれば看板を映せばいい。しかし、かいわれ大根を登場させるとなると、そう簡単にはいかない。

「どうします？」

新井が石野に問う。

「確か、あの会社は静岡駅前に割烹料理店を経営していると言っていたな」

「そうですが……、あっ、その手でいきますか」

脚本家だけに石野の言わんとすることがすぐにわかって、

「大門軍団がそこで作戦会議を行い、合間にかいわれ大根を注文する……なんてのはどうですか？」

「それでいこう」

ということになった。

『PART‐Ⅱ』から新たに刑事役として加わった三浦友和が、作戦会議のなかで、

「すいません、あのう……かいわれの追加を」

とおかわりをさせるシーンや、峰竜太の「皆さんどうですか？　静岡のかいわれ、いきますか？」というセリフになるのだった。

協賛企業を募る狙いは、ロケの予算を増やすことにある。これによってドラマのスケールアップを図ることで『西部警察』の人気を煽り、これがスポンサー獲得につながっていく。石原プロの経営体力が強化されれば、映画製作はもちろん、裕次郎が意図する独自路線を切り拓くことが可能になる。これが「銭ゲバのコマサ」と公言する〝コマサ流経営哲学〟だった。

コマサが協賛企業を募る方法について、渡にこんな話をしたことがある。

「相手に〝お願いします〟とこちらから懇願すれば風下に立つが、お願いされる立場になればその逆になる。どうすればお願いされる立場に立てるか。ここが経営ということだ。そのためには――」

と、ひと息継いで、

「大事なのは、相手が喜んでお金を払いたいと思うような仕掛けをつくることだ」

と言った。

その一例が、静岡ロケで見せたオープニングセレモニーだ。五月十九日の撮影初日、富士サファリパークで撮影を終えると、撮影隊は東名静岡インターから隊列を組んで静岡けんみんテレビ本社前へ向かった。サファリ、マシンX、白パト、覆面パト、黒バイ隊など四十一台の壮観なパレードだった。さらに、渡哲也率いる「大門軍団」が本社前に勢ぞろいしてセレモニーが行われる。会場には三千人のファンが詰めかけ、ロケ初日の模様は、この日のテレビ朝日「アフタヌーンショー」でも生中継された。

こうした方法をコマサは「チンドン屋」と表現した。地元役所の広報カーや地元テレビ局の宣伝カーが、「本日から『西部警察』の撮影が始まりますので、皆さんご協力を宜しくお願いします！」とアナウンスをしてまわる。オープニングセレモニーの案内チラシを配布し、テレビスポットでも連日、流す。そして当日、『西部警察』のオープニング・テーマを高らかに鳴らしながら、スーパーマシンを先頭に石原プロの撮影隊キャラバンが市街に入ってくる。

〈なるほどチンドン屋だ〉

と渡は苦笑しつつ、これはコマサのアイデアというより、信念が生み出した結晶だと脱帽する思いでいた。

「テツよ」

とコマサが続ける。

「『西部警察』とボディに書いた車が撮影現場に入っていけば、それだけでお祭り騒ぎだ。俺たちはチンドン屋みたいなもんだから、シラーッとした静かなところにいたんじゃ駄目なんだ。ゴワゴワガタガタと何事かがうごめいていてさ。東郷元帥の〝本日晴朗なれど波高し〟じゃないけど、こっちも向かっていく、相手も向かってくるで、バルチック艦隊との戦みたいなもんなんだ」

この「チンドン屋方式」で、『西部警察』は全国を席巻する。

ちなみに第一回目の静岡ロケ編では、地元静岡県で視聴率40パーセントを獲得して成功をおさめた。これによって静岡けんみんテレビは一気にメジャー放送局へ発展していった。

日本全国縦断ロケの第二弾「広島編」の撮影は夏場、七月三日から始まった。「広島市街パニック!!」「燃えろ!!　南十字星」の二本撮りで、路面電車を使ったカーチェイスや路面電車の爆破シーンなどをふんだんに盛り込み、

「テレビ映画でここまで撮れるのか」

と業界を唖然とさせる作品だ。石原プロの実力をまざまざと見せつけ、いまもテレビ史の伝

説として、このロケは語り継がれる。

静岡編の遊覧船爆爆破炎上シーンが強烈なインパクトを与え、マスコミが大きく報じたことから、

〈爆破は画《え》になる〉

と確信したコマサは、広島編でも爆破シーンが欲しいと思った。広島ホームテレビを窓口として、広島市の全面協力を得ているので、それは可能だろう。ただし、爆破シーンは静岡編をしのぐスケールでなければならない。

意向を石野プロデューサーに伝え、脚本家の永原秀一が構想したテーマは、《市電「にしき堂号」が走行中に犯人にジャックされ、駅構内で犯人が仕掛けた爆弾で爆破炎上する》という破天荒のスケールだった。

「面白い！」

コマサは膝を打ったが、石野は懐疑的で、

「面白いのはわかりますが、電車なんか爆破させられないでしょう。湖上での遊覧船なら何とかなりましたが、相手は公道での電車ですよ。ねえ、渡さん」

と、助け船を求めるように渡を見た。

「やれる。〝こうしたい〟という要望を叶えるのが俺の仕事だ」

とコマサは言い切った。

数日後、コマサは渡と石野を伴い、全面協力してくれる広島電鉄を表敬訪問に訪れた。ビッグスターの渡哲也が同席することは、ここ一番の交渉では心理的に有利に働くことを見越してのことだった。

本社応接室で「よろしく」と挨拶をすませ、しばらく談笑してから、

「ところで」

と、コマサが世間話でもするように切り出した。

「アクションドラマですから、電車の窓の一枚も割ってしまうかもしれませんが、よろしいですか?」

「もちろんです。そのくらいでなくちゃ、迫力がないでしょう」

「でも、いま走っている現役車輌じゃ、もったいない。廃車予定の車輌をお借りすれば、御社にご迷惑をかけなくてすむんですが」

「ありますよ。じゃ、それをお使いください」

「ありがとうございます。あっ、そうだ。どうせ廃車にするなら、私どもが爆破してもかまいませんよね」

話が次第に大きくなっていって、爆破の了解を取り付けてしまったのである。

「たいしたもんだ」

とホテルに帰るタクシーのなかで、渡はしきりに感心するのだった。


広島ロケを見届けた裕次郎は八月一日、ハワイへ発った。「パンナム・クリッパーカップ・ヨットレース」に出場するためだ。久々のヨットレースとあって、心が弾んだ。各局のワイドショーが追いかけるようにハワイへ飛んだ。取材を受けた裕次郎が満面の笑みを浮かべて語る。

「まさか、一年足らずにしてヨットレースに参加できるなんて、それも国際レースでしょう。それはなんとも言えないですね。闘病中はヨットの写真を二、三枚枕元に置いて、それを眺めて想いを馳せていました」

とヨットへの想いを語った。日焼けして、精気に満ちた裕次郎の笑顔が各局のワイドショーで放送された。

静岡ロケに次いで十月二十七日に放送された広島ロケ編では視聴率49・6パーセントと地元の他局を圧倒して新記録を樹立。その後の広島ホームテレビの躍進のきっかけとなった。

石原プロは逆風に翻弄され、帆をたたもうと考えたこともあった。コマサに説得され、渡に支えられ、これまで敢然と帆を張り続けた。いま石原プロというヨットは、裕次郎を乗せ追い風を帆にはらんで洋上を進む。

渡哲也、揺れる胸中

日本全国縦断ロケーションは北海道から九州まで順次、地元の歓声と期待に迎えられて全国をめぐっている。『PART-Ⅱ』は昭和五十八年三月二十日の放送をもって終了とし、翌四月三日から『PART-Ⅲ』として新たな放送が始まった。

そして五月二十五日、順風満帆のなかで、石原プロは創立二十周年を迎える。パーティはホテルニューオータニ「鶴の間」で盛大に行われた。

裕次郎が社長として出席者に謝辞を述べ、石原プロ創立の頃に思いを馳せてから、挨拶をした。

「本日は、ご多忙のところ、私どもの創立二十周年記念パーティーにご来席いただきまして、本当にありがとうございます。本当に感謝いたします。

二十年間を振り返ってみますと、長かったようで短くて、短かったようで大変長かったんですが、いろいろなことがございました。昭和三十七年の暮れに、旧日活のこよなく映画を愛するごく一部の人間たちとなんとか自分たちの手で好きな映画が撮れないかというのが私どもの会社の発足のきっかけだったんですが。その後、いろんな映画を手がけ、成功の甘き香りに酔ったこともございましたが、つかの間、失敗の苦汁を飲み、一時は会社をつぶすんではないかという挫折にもぶつかったこともございましたが、そのときに爪に火を灯してでも我々の映画精神を残しておこうじゃないかと只今、一緒におりますスタッフ、映画を愛する方々が、大変切羽詰まった気持ちで映画を作らせていただいた時期もございました。

今日、こうしてこの会場で皆様方と二十周年を共に祝えるということも、その辛かった思い出が積み重なって今日きたのではないかと私、自覚しております。

私、二年前の四月二十五日にぶっ倒れまして、ちょうど今日が入院して一カ月目ということになるのですが、それを振り返りますと、こうして高い場所から、皆さんにこんなに大勢の方々に祝福されて、もう、ちょっと感慨無量といいますか、信じられない気がいたします。これも一重に皆様方と、全国のファンの皆様の祈りが、天にまで届いたのではないかと思います。本当にその節はご心配をお掛けし、ありがとうございました。

心新たにしまして、今日のこのパーティーを一つの節目にしまして、私はじめ、スタッフ一同、充実した仕事に尚一層励んでいきたいと思っております。皆様方にはますますのご支援とご指導を賜りたいと思います。本日は本当にありがとうございました」

副社長の渡は、人柄そのままに、実直な言葉で話した。

「どうも皆さん、こんばんは。渡でございます。

本日はご多忙の中を私どもの二十周年のパーティーにご出席いただきまして、誠にありがとうございます。先程、社長の石原が申しておりましたように、このように二十周年のパーティーが開けますのも一重に皆様方の力強いご支援の賜物と重ねて御礼申し上げます。スタッフ一同、慢心することなく、心を一つにしてこれからも頑張ってまいります。どうか皆さん、今後ともどうぞよろしくお願い申し上げます」

笑いのなかにもしんみりと胸を打ったのは、兄の慎太郎の挨拶だった。大動脈瘤の手術直後のことを振り返って、話した。

「皆さん、本日は弟のためにお忙しいところ、各もたくさんお集まりいただきましてありがとうございます。もう駄弁を労しませんが、皆さんの直接間接のご支援で、弟、今日までまいりました。弟と私のつき合いは五十年近いわけでございますけども、私、弟が二年前の大病で本当に九死に一生を得まして、まだ人を入れない病室に、私だけ入れてもらいまして、麻酔のさめた時に、主治医が、『とにかくはっきり意識をさせるために、お兄さん、話しかけてくださ い』と。私、弟に話しかけましたら、なんか、もがもが答えておりました。なんか残酷なくらい、主治医が弟の体をつつきまして、『この人誰かわかりますか？　ここに立ってる人はわかりますか』と言いましたら、弟が「わかってますよ、兄貴ですよ。馬鹿面してそこに立ってる」と申しまして、私その時、本当に涙が出るほどうれしゅうございました。兄弟というのはそういう因果なものでありまして、これからも私と弟の兄弟の人生のタッグマッチは続いていくと思います」

そして、まき子夫人はこう述べた。

「あっという間、いろいろなことがございまして、今日のこんなすばらしい二十周年が迎えられるとは思っておりませんでしたので、本当に夢のようでございます。皆々様に感謝しております」

夢のよう、という言葉に誰もがうなずく。だが、まき子夫人の夢のような思いとは、奇跡の生還を指すのか、それとも、生存の可能性を否定された動脈瘤になったことをいうのだろうか。

友人の勝新太郎は、裕次郎の魅力を語った。

「僕は裕次郎を見て、どこがいいんだあの顔が、どこがいいんだ、あのなんとなく足が長いだとか、何かその清潔さというか、そういうものがいい。確かに私は何十年も裕次郎を見てきました。

でも、彼のあの自然さは永久のものです。彼は時代を作った人の上に乗るんじゃなくて、彼が時代を作る人間なんだな。私も、まあ倒産しましたけども、必ず裕次郎と同じように立ち上がって、また新しい時代を作ろうと思っています」


歌あり、余興あり、笑いあり、大盛況のうちにエンディングを迎えるなかで、渡は三船敏郎の祝辞を反芻していた。

共同製作者として『黒部の太陽』を難産の末に大ヒットさせた三船敏郎は、〝戦友〟として、こんな祝辞を述べた。

「二十年と言うと、ふた昔。とても長い年月のようでもありますが、つい先日のような気もいたします。日本の映画界はテレビ、レジャー産業のすさまじい発展普及で、いちばん苦難の道を歩んできたのではないかと思います。しかし、映画は不滅でございます。石原プロも、これから劇映画を製作することに専念するそうでございます。どうか後世に残るような素晴らしい映画をどしどし作っていただきたいと思っております」

石原プロは昭和四十八年十二月一日封切りの『ザ・ゴキブリ』以来、一作も製作していない。

多額の負債を抱え、冬の時代を送る。映画は作品の善し悪しにかかわらず、興行で失敗すれば、負う傷は深い。金銭的な傷だけでなく、たとえ再起できたとしても、次の作品に失敗すればまた地獄のどん底に社員を突き落とすことになる。その恐怖が足をすくませる。

だが性格が陽で、苦労が顔に出ない裕次郎は太陽のように顔を輝かせながら、

「映画の借りは、映画で返す」

と口癖に言っている。

そろそろ本気で映画に取り組む時期がきているのかもしれない。社長の〝奇跡の生還〟は、映画を撮るために神さまがこの世に送り返したのかもしれない。渡はこのときそんなことを思っていた。

『西部警察ＰＡＲＴ－Ⅲ』は昭和五十九年十月二十二日まで一年半の放送予定だったが、日本全国縦断ロケが依然と加熱人気で、テレビ朝日は早々に『ＰＡＲＴ－Ⅳ』の企画を石原プロに提案してきた。

コマサは鼻息が荒く、「西部警察 ニューマシン発表会」というイベントを始める。番組で使用したスーパーマシンを並べ、『西部警察』のレギュラー出演者が勢揃いするなかで、裕次郎と渡が除幕式を行う。そのあとスーパーマシンの性能を説明し、撮影会へと進行していく。い

までは日本全国縦断ロケと並ぶ番組名物になった。

爆破炎上も、クライマックスとして欠かすわけにはいかず、毎回知恵を絞っていた。

「コマサ、もう日本中に爆破するものがなくなったので『西部警察』は終わりだな」

ロケ先のホテルで食事しながら、渡が笑って言ったことがあるが、これは本音であった。

今年、誕生日を迎えると四十二歳。裕次郎のもとに馳せ参じたのが昭和四十六年十一月だから、今年で十二年になる。五年と区切って入社したはずなのに、夢中で裕次郎のあとを追っているうちに十年が過ぎ、十二年になった。

「役者の旬は三十代から四十代だよ」

と、それとなく忠告してくれる映画関係者は何人もいたし、

「自分のことを考えなさいよ」

「石原プロ、辞めちゃえば」

あからさまに言う人もいる。誰も皆、心配して言ってくれていることはよくわかるし、ありがたいことだと思いながらも、

「自分は石原プロが大好きで、いまの生活が最高なんです」

と笑って答えるのだった。

またこんなふうに心情を話したこともあった。

「私は役者として、いちばんいい時期にテレビにばかり出ていました。ある人たちから、テレビばかりやっていないで、映画に出るべきだ、という話もありましたが、僕は石原裕次郎について行こうと決めていたわけですから、それはそれでいい。いまの自分があるのは石原裕次郎という男に出会えたからなのです。もし石原プロを出ていっていたら、いまとは違った自分になっていたかもしれませんが、そのことについては後悔はしておりません」

映画出演は、五十一年に深作欣二監督の『やくざの墓場・くちなしの花』を撮ったのが最後だった。映画各社からさまざまな出演依頼が持ち込まれたが、渡は一本も受けていない。『大都会』がＰＡＲＴⅢまで、『西部警察』もいまＰＡＲＴ‐Ⅲを撮っていて、主役の渡は週四日は拘束される。地方ロケだと行きっぱなしになる。しかも、製作現場を取り仕切り、副社長として経営も見なければならない。対外的なつき合いもある。加えて、昨年は裕次郎が大病した。やってみたい役柄のオファーもいくつかあったが、引き受ける時間など、どこを探してもなかった。

それでも渡は「いまの生活が最高」と笑ってみせるのだった。

正直言って、『西部警察』ＰＡＲＴ‐Ⅳをやるのは気が重かった。いま、石原プロには七十億円の資金が貯まっている。これまでは負債返済のため、明けても暮れても拳銃やショットガンを持って走りまわった。いい年をした中年男がサングラスをかけて、ここぞというタイミングで派手な車に乗って颯爽と登場。犯人をバーンと撃ってジ・エンド。パトカーに同乗して帰ればいいものを、なぜか一人だけ反対方向に向かって歩いていく……。

気恥ずかしかった。それでも渡は自分を殺し、裕次郎に殉ずるため、耐えてきた。これまで焚き火をすると、嫌なことも、わだかまりも何もかも炎が焼き尽くし、煙となって拡散していった。だが、石原プロの経営が安定し、裕次郎が生還した頃から、「刑事」でいることが精神的に辛くなっていた。「日本中に爆破するものがなくなったので『西部警察』は終わり」――とコマサに告げたのは、「私《し》」より「公《こう》」に生きる渡の、精一杯のメッセージであった。

勘のいいコマサがそれに気づかないわけがなかっただろう。だが、乗りに乗ったいま、走れるところまで突っ走って行きたい。渡には申し訳ないと思いながらも、

「渡さん、心配するな。爆破させるものがなけりゃ、建造してブッ壊せばいい」

と笑い飛ばすのだった。

そして、実際にそうした。福島ロケでは、喜多方市にある日中ダムの建設用地に犯罪組織の秘密基地を建造して、これを大爆破。岡山・高松編では離島の頂上に犯罪組織のアジトを建造し、大門団長を乗せたヘリがこれを爆破させた。渡は相変わらず、拳銃やショットガンを振りまわす。

「バン、バン、バン！」

銃撃戦のリハーサルは口で発射音を出す。音の出る空砲弾は高価だったからだ。街頭には大勢の見物人が集まっている。大の男がサングラスをかけて「バン、バン、バン！」。顔から火が出るほど恥ずかしかった。

〈自分はこれでいいのか？　石原プロはこれでいいのか？　映画は撮らないのか？　テレビ映画はなんのためにやっているんだ？〉

渡は自問せずにはいられなかった。

十二月二十八日、石原裕次郎は四十九歳、渡哲也は四十二歳の誕生日を迎えた。

「なぜ映画を撮らない」

年が明けて昭和五十九年、日本全国縦断ロケーション第十一弾は、二月二十四日から三月十一日にかけて関西を舞台としてロケが始まった。神戸、大阪、京都で大門軍団が活躍する。スーパーマシンによる壮絶なカーアクション、鉄板で装甲された特殊トラック、そして次々と爆破炎上するパトカー……。

関西ロケ最終回にあたる第50話「爆発5秒前！　琵琶湖の対決―大阪・大津篇―」の撮影を前にして、恒例となった縦断ロケの「セレモニー」が大阪城公園で行われた。集まった人の数は、実に十二万人。大阪城公園は人、人、人で埋め尽くされた。午後二時のスタートであったが、数百人の徹夜組もいた。朝五時から並んでさえ、舞台の裕次郎と渡が米粒にしか見えない場所しかない。

これが『西部警察』の人気だった。

「俺がデビューした頃のことだけど」

裕次郎が舞台でファンに手を振りながら、渡に話しかける。

「ロケ先で行儀の悪い見物人に〝おい、裕次郎、こっち向け〟なんて言われると頭に来てさ。よくブン殴ったものだ。若いし、芸能界の厳しさを知らないからサービス精神に欠けているんだな。〝お客様は神様〟なんて発想は、これっぽっちもなかった」

「いまはどうです?」

「ファンはありがたいな」

裕次郎は両手をあげてファンの声援に応えた。

関西ロケが終了した最終日、宿泊先の旅館大広間で宴席がもたれた。全国縦断ロケでは、その日の撮影が終わると出演者もスタッフも宿泊先の宴会場に集まり、裕次郎がその日の撮影の労をねぎらって宴会が始まる。この夜の宴会はロケ最終日とあってか、裕次郎も出席した。

宴もたけなわになり、

「今夜も紙ヒコーキ、飛ぶかな？」

そんなささやきがもれる頃、コマサが出演者とスタッフの名前を一人ひとり読み上げ、封筒を配る。なかには一万円札が数枚入っている。いわば大入り袋のようなもので、このご祝儀をスタッフたちは「紙ヒコーキ」と呼んで楽しみにしていた。財源は、地元商店や飲み屋、ホテル、企業などからもらったご祝儀やタイアップ金から捻出した。感謝の気持ちは金品にあらわしてこそ、相手の心に響く――人間心理に通じたコマサの人心掌握術であった。

スタッフの笑顔を見るのは、渡も嬉しかった。危険なアクションが多く、ケガと隣り合わせの危険な撮影に一心同体で臨む〝戦友〟なのだ。利益の一部を「ご苦労さん」と言って彼らに配ることを、渡は否定はしない。それでも、「だが」――という懐疑の念は澱《おり》のように心の底に沈んでいた。

渡は裕次郎も一緒のときにコマサと
「ウチは少し金儲けに走りすぎていないか？　収益も大事だが、もう、もっとほかにやるべきことがあると思うんだ」

「映画だろう？」

「いっこうに腰を上げないじゃないか」

渡の声が大きくなる。

「これまでは仕方がない。石原プロの屋台骨が傾いていたんですから、何とかしなくちゃいけない。刑事《デカ》やって拳銃でもショットガンでもブッ放したよ。だけど石原プロは立ち直ったし、カネもできた。もう、いいんじゃないか。映画を撮りましょう。社長に撮らせてあげよう」

渡は言葉を切った。裕次郎も、コマサに映画を考えると言っている。

それでもまだコマサは動かない。「社長が強く言わないから、コマサはカネを稼ぐためにいつまでもテレビ番組を作っている」──そんな思いを引きずっていた。

だが、それを言えば裕次郎の批判になる。裕次郎に殉じてこれまで生きてきた男しては、口が裂けても言えないことだった。渡には珍しく憤懣《ふんまん》を口にしたのは、「石原プロはこのままでいいのか」という危機感と、副社長としての危惧のあらわれだった。

「テツ、映画は撮る。必ず撮る。だけどな、映画を撮りました、コケました、借金背負いましたじゃ、シャレにならない。裕次郎も石原プロも懲りねぇな──そう言って世間に笑われる。いまはしっかり稼いで、何があろうとビクともしない会社にするのが先決じゃないのか？」

「そんなことはわかっている。カネはあるじゃないか」

「もっといる」

「いくらだ。だから、いくら稼げばいいんだ！」

渡が激昂する。

「もういい二人とも」

裕次郎が中に入った。

〈テツの神経は切れかかっている〉

裕次郎はそう思った。

コマサはコマサで考え、悩んでいた。脚本家に何本か企画を出させたりしたが、大スター石原裕次郎を生かすものはなかった。

「いくらだ。だから、いくら稼げばいいんだ！」とテツが投げつけた言葉で、テツが現状の石原プロに苛立っているのはわかっていた。コマサが会社を思う気持ちもわかっている。俺のことを、石原プロのことを真剣に思ってくれていることは二人とも同じだ。ありがたいと思う。

二人は自分の財産だ。だからこれまで、どちらにも与《くみ》してこなかった。だが、もう限界かもしれないと思った。

二人と別れたあと裕次郎は考えた。

裕次郎は、かつて『大都会ＰＡＲＴⅢ』で渡が見せた怒りを思い浮かべた。

セットで撮影中のことだった。

「こんなもん出来るか！」

主役の渡哲也が台本を放り投げたことがある。『ＰＡＲＴⅢ』は演技よりアクション主体の内容になっていた。連日連夜、銃撃戦やカーチェイスの撮影が続き、渡は役者としてフラストレーションが溜まっていたのだろう。いきなり爆発したのだった。

セットの奥で休んでいた裕次郎が、ゆっくりとした足取りで姿を見せると、渡が投げた台本を拾い上げてから、

「なあ、コマサ」

と、穏やかな声で語りかけた。

「俺はいったい何年テレビをやってんだ？　くだらねぇ脚本《ホン》がいっぱいあるよな。俺なんか、いつも電話番やらされてんだぜ。そんなもん、俺の扱いであるかよ。そうだろう？」

『太陽にほえろ！』の「藤堂係長」の役を引き合いにし、嘲笑的な笑いを浮かべる裕次郎に、渡は返す言葉がなかった。裕次郎の手から無言で台本を受け取ると、渡は頭を下げて撮影にもどった。

『大都会』の終了と同時に、テレビ朝日で『西部警察』が始まり、いまも続いている。台本を放り投げてから五年。自分を殺し、渡はずっと辛抱してきたことに、裕次郎は思いを馳せる。よくやってくれた。本当によくやってくれた。もういいだろう。目的に向かって一直線に延びるレールも、ほんのちょっとした歪《ひず》みが生じれば、それは先に行けば行くほど次第に大きく

なっていって、石原プロいう列車は脱線する。

「一度終わりにするか」

裕次郎はつぶやいた。


このところ裕次郎は腰痛と発熱が続き、寝つけない夜があったりした。

〈なんだろう、このダルさは。身体の中で何か異変が起きているのだろうか〉

日を改めて、裕次郎はコマサを自宅に呼んだ。

部屋に入ると、裕次郎がいつもの笑みを浮かべて言った。

「いつまでも『西部警察』を続けていたら、映画のことを考える時間が持てないよな。どうだい、このへんでちょっと区切りをつけないか」

「わかりました」

コマサが頭を下げた。自分もテツも、船のエンジンのようなもので、スクリューを回すのが仕事だと思っている。船を前後左右のどっちに動かすかは、船長の裕次郎が決めることだ。

頭を下げながら、いよいよ映画を撮る気だ——とコマサは身震いした。コマサも映画を撮りたい。その思いは同じとしても、失敗を恐れた。恐れは金額的損失でも、経営危機に陥ることでもない。雌伏を経て勝負をかけた作品が万一コケでもしたら、「石原裕次郎」の名前に傷がつく。太陽は紺碧の空にあって輝き続けなければならない。だからコケさせては絶対にいけないのだ。

そう考えると、コマサは足がすくむ。昨夜、テツは、いつまでも映画を撮ろうとしないことをなじった。撮ろうとしないのではない。コマサは撮るのが怖いのだった。

五億八千万円の負債を背負うことになった『ある兵士の賭け』『エベレスト大滑降』などの失敗がいまもトラウマとして残っている。その後負債額は十億円近くまで膨らんだ。

それでも決心したのは、もうひとつの理由があった。今年三月に行ったCTスキャンで裕次郎に肝臓がんの疑いがもたれた。渡には伝えたが、裕次郎にもまき子夫人にも知らせていない。

〈社長の元気なうちに決断するのもありだな〉

コマサは決心した。

テレビ朝日は寝耳に水だった。石原プロが『PART‐Ⅳ』をやらない理由は、どこにも見当たらない。高視聴率を継続している。スポンサーも大手がついていて、少なからざる利益をあげている。大阪城公園のセレモニーには十二万人が押しかける人気ぶりだった。テレビ朝日の担当プロデューサーが驚いて絶句するのは当然だったろう。

裕次郎や渡の思いを言葉にするのは難しい。誤解を生んでもいけないので、コマサは多くを語らず、

「決めたのは石原でして、それを忠実に実行するのが番頭たる私の役目です」と告げ、それで押し通したが、テレビ朝日としては「はい、そうですか」というわけにはいかない。日曜夜、NHK大河を向こうにまわし、ゴールデンタイムの視聴率戦争で『西部警察』を失ったら、そのあと何をぶつければいいのか。頭を抱えたが、石原裕次郎の意向とあれば、いかんともしがたかった。

三浦甲子二専務も、その思いは同じだった。小林専務のシビアな手法は「銭ゲバ」と畏敬されるほどで、「テレ朝の天皇」と呼ばれるリアリストの三浦専務は、コマサのビジネスセンスを買っていた。それがなぜ、ここで『西部警察』をやめるというのだろうか。ビジネスセンスからして、三浦にはとうてい理解の及ばないことだった。

裕次郎は渡とコマサを伴って、麻布のテレビ朝日本社に三浦専務を訪ねた。すでに製作現場では話がついており、儀礼的なものだった。

「お世話になっていて、こんなこと言うのは申し訳ないんですが、『西部警察』という過激な番組を五年もやるなんて気は最初からなかったんですよ。ところがテレビというのは、ひとたび視聴率を取ると勝手に回り始めて止まらなくなる。エンドレスなんですね。このままではテレビという怪物にどこまでも引きずられてしまって、石原プロとして考える暇がない。どっかでけじめをつけませんとね」

「けじめをつけて映画、ということのようですが、どうして映画ですかな」

「キザな言い方になりますが、石原プロは映画屋が集まってつくった集団です。映画がコケて多額の負債を背負ってしまいましたが、返済のためテレビの仕事に追われながら、いつかもう一度映画を作ってみたいという夢があった。いい歳をして笑われるのを覚悟で言えば、夢よもう一度、ということでしょう」

裕次郎の言わんとしていることはわかるが、テレビや映画をビジネスの手段として考える三浦専務には、その心情がいまひとつ理解できなかった。テレビ映画と本編映画とどこが違うというのか。『西部警察』はテレビで放映をしてはいるが、あれは立派な映画ではないのか。

「そんなにテレビはつまらないですかな?」

裕次郎と渡の二人を交互に見やりながら問いかけた。

「違います」

寡黙な渡が珍しく身を乗り出すようにして、

「テレビの連続ドラマは、一週間に一本作らなければならないという時間的な制約が最低条件としてあります。今日、予定されているシーンは、どうあっても今日撮ってしまわなければならない。昨日まで晴天のシーンで撮っていて、今日、曇っているからといって晴れるまで待つわけにはいかない。前後のつながりに矛盾が出ても、曇天のまま撮ってしまうわけです。

演出家だって、演出している余裕がない。セリフが台本どおりしゃべれたらそれでオーケーを出す。映っていればいいということで、役者に演技をつける時間がないんですね。台本《ホン》が出来てきて、あきらかにこの部分ご都合主義でおかしいということがプロデューサーや役者にもわかっていても、そのホンを作家にもどして書き直してもらう時間がない」

裕次郎もコマサも、渡がここまで熱弁をふるう姿を始めて見た。映画に対する熱意が、これまでの封印を突き破って吹き出しているようだった。

「小道具にしたってそうです。たとえばこのコーヒーカップ」

と、渡がテーブルに手を伸ばして、

「演出家としてはこのカップを指定していたのだが、何かの手違いでそれがなかったとします。テレビでは時間の制約があるから、じゃ、あのカップで間に合わせてしまえということになる。そんなこと映画では絶対にないことなんですよ。これと決めたカップはこれでなくてはならない。そうやって映画では全員が自分の手で映画づくりに参加している。そういう参加意識や達成感があるんです。そういうわけで、どうしてもテレビ映画は〝我々は完璧な仕事をしているんだろうか〟という不満が残るんです」

三浦専務にそこまで話したところでしょうがないだろうと、コマサは思っていた。『西部警察』はすでにやめることが決まっている。映画製作にテレビ朝日が協力してくれるわけでもなし、いまさら熱弁を振るう意味がない。だが、聞いているうちに、渡は三浦専務ではなく、自分自身に話していることにコマサは気がつくのだった。

裕次郎が引き取るようにして言う。

「全国縦断ということで『西部警察』のセレモニーをやったら、大阪で十二万人集まりました。行く先々で強い反応があった。この余韻の冷めないうちに映画を撮れば支持してもらえるという手応えを感じました。資金面の見通しもある。私は将棋の香車のように、何が何でも突っ込んで行くほうではない。どっちかと言えば受け止める、受け容れるという性格だと思います。でも、いまはそういう時期ではない。勝負です」

裕次郎の声は甘く、語り口は穏やかだったが、その背後には鋼《はがね》のような強靭な意志の力が横たわっていることを、三浦専務は感じ取っていた。押しが強くてビジネスセンスに秀でる小林専務が抵抗も説得もせず、石原裕次郎という男に素直に従う理由がわかるような気がした。裕次郎は男のとしてのスケールが違うのだ。

以前、政治家との会合で、兄の慎太郎に会ったとき、

「弟で感心するのは、我慢強さと他人に対するやさしさですな」

と語ったが、身内ほど人間が見えないものだと思った。裕次郎は自分の人生観、人生哲学をきちんと持っていて、それを貫き通す。そういう意味で攻撃的な男だ。受け身に見えるのは、

ひとえに裕次郎のやさしさと包容力による。三浦専務の裕次郎評だった。

裕次郎たちが帰ってから、三浦専務は、同席したテレビ朝日編成局幹部にこんな言葉をもらす。

「どうしても映画を作りたいという彼らの考えを、我々は理解できない。しかし、この際、理解するしかないな。そういう意味で、我々は曖昧な妥協をしたということになるが、石原プロは、テレビ朝日に対して、曖昧な妥協を強《し》いるだけの信念と力があったということになる」

感情的な言葉はいっさい口にしない。三浦専務は、どこまでもリアリストであった。

裕次郎に肝臓がんが発見

五月に入って、舛田利雄監督から映画主題歌と挿入歌の依頼が裕次郎にくる。舛田監督は日活時代、『錆びたナイフ』を筆頭に石原裕次郎主演作品を最も多く演出した監督で、いわば映画界の〝戦友〟であった。

「裕ちゃんに、ぜひ歌ってもらいたい。僕の作品に関わってもらいたいんだ。映画出演が難しければ歌を――あの大手術のときから、そんなことを思っていた」

「舛さん、歌がまずいからコケたなんて言われても知らないよ」

裕次郎が笑う。

「裕ちゃんが歌ってコケたら本望だ」

舛田も笑顔を返し、東宝映画『零戦燃ゆ』の主題歌「黎明」と、挿入歌「北斗七星」を吹き込むことになった。

「だったら公開レコーディングにしたらどうです」

と、コマサがアイデアを出した。

公開でやればメディアが取り上げるので、映画の宣伝になる。それに、石原プロとしても、映画製作を念頭に置けば、いろんな機会をとらえて裕次郎や渡を露出しておくことが大事だと、コマサは考えた。一つのことに対して、どれだけ値打ちをつけるか。こうした発想と手法はコマサの右に出る者はいない。しかも、度胸がある。『黒部の太陽』もコマサがいなければ撮れなかったし、『大都会』や『西部警察』のアクションシーンや爆破炎上という過激な演出は、どんなに周到な準備をしても、「もしも」という不安が常につきまとう。コマサの度胸がなければ実現しなかっただろう。

「専務、怖くないんですか?」

と撮影チーフに問われたとき、コマサはこう語った。

「俺は子供の頃からガキ大将タイプだったけど、どっちかというと自信過剰ってとこだな。できもしないくせにやれると思っちゃう。二の足を踏むということがないんだ。俺は三重県で生まれて、海でよく遊んだけど、自分の体力とかそういうことを考えずにエビや魚を獲りに潜る。海女さんが見ていて〝坊や、危ないよ！〟なんて言ってたって聞きもしない。溺れて死にそこなったりした。無鉄砲といえば無鉄砲だ。だけど、〝やれる〟という思いがあるんだよな。もうちょっと頑張ればなんとかいくんじゃないか――そう思って突っ走る」

本人は無鉄砲と表現したが、「やれるか、やれないか」という判断は、度胸に裏打ちされた天性のものなのだろう。

主題歌、挿入歌の出演であったが、石原プロの映画製作がニュースになっていただけに、裕次郎が映画に関わるということで公開レコーディングは大きな話題になった。

大病のことが念頭にあったのか、レコーディング後の記者会見で「声のコンデションはどうだったか」と質問された裕次郎は、

「声のほうは、良すぎるんですよ。不摂生しないから」

と、ユーモアをまじえながら、

「いま、酒、タバコ、女、全部やってないでしょ。ですから声が通っちゃって、舛田監督なんか〝その声で映画の方も頼むよ〟なんて言われた」

そして、映画の魅力について、こう語った。

「気持ちいいですね。歌だけでも参加したっていうのは。やっぱり、映画屋ですよ。もう映画に参画できたということだけでとても楽しいし、幸せですし、やっぱり自分もやりてえなと思う」

だが、この『零戦燃ゆ』が、裕次郎の生涯で映画と関わった最後の作品となることを、裕次郎はもちろん、渡もコマサも、このとき知る由《よし》も無かった。

レコーディングが終わった翌六月、慶應病院の定期検査で、裕次郎の肝臓がんが見つかった。

第五章

過ぎゆく時に

〝兄弟〟の別れのシーン

当時、本人へのがん告知は否定的な社会風潮だった。がんは不治とされ、告知は「死の宣告」となって患者が生きる望みをなくしてしまうからだ。医師はがんであること近親者に伝えるのみで、それを本人に告げるかどうかには立ち入らなかった。それほどにがんは恐れられた。

そこに、がんの事実を知らされた近親者の苦悩がある。「死ぬかも知れない」という苦しみと、「本人に告知すべきかどうか」という苦しみ。二つの〝重い十字架〟を背負って煩悶《はんもん》することになる。

慶應病院での定期検査のあと医師から裕次郎のがんの事実を知らされたのは、渡、コマサ、それに兄の慎太郎の三人だけだった。まき子夫人に打ち明けるかどうか、渡とコマサは悩んだ。まき子夫人が知れば動揺し、その結果、勘のいい裕次郎は気づくのではないか——それが躊躇《ちゅうちょ》した理由だったが、もし裕次郎に万一のことがあり、あとでがんであった事実をまき子夫人が知れば、どう思うだろうか。恨まれることは甘んじて受けるとしても、がんと知っていれば、夫婦の残された大切な時間を存分に過ごすことができる。

渡とコマサは何度も話し合い、慎太郎の理解と了解を得て、コマサがこの役目を引き受けることになった。

七月十七日――。奇しくも、のちに裕次郎の命日となるこの日、コマサは病院の最終データを持ってまき子夫人にがんの事実を知らせる。

「ちょっと奥さん」

裕次郎に付き添って病院からもどると、ささやくような声で別室に導き、

「実は社長は肝臓がんなのです」

コマサは固い表情で告げた。

まき子夫人は一瞬、意味が呑みこめなかったのだろう。怪訝な顔を見せてから、全身をわなわなと震えさせ始めた。このところ裕次郎は原因不明の高熱と、激しい腰痛が続いていた。〝奇跡の生還〟を果たしたとはいえ、まき子夫人の頭から不安が離れることは片時もなかったが、まさか肝臓がんに侵されようとは……。不意に頬を打たれたようなショックだった。

「どうして、裕さんだけが……」

「社長ばかり……」

二人が手を取って涙を浮かべるのは、大動脈瘤手術のとき以来、二度目のことだった。

「奥さん、社長にがんであることを悟られないようにしていただきたい。酷なことを言いますが、奥さんは女優だったんでしょう。これから社長の前では芝居をしてください」

コマサの言葉に、まき子夫人はコクリとうなずく。

「おーい、コーヒー!」

裕次郎の屈託のない声がリビングから呼んでいた。


七月十九日、渡はメロンを持って成城を訪ねた。『西部警察PART‐Ⅲ』のロケーションを報告し、「心配しないで、ゆっくりしていてください」と伝えた。

裕次郎は食欲がなく、尿が出にくくなり、腰痛がひどくなっていたため、大事をとりロケに参加させなかった。痛みはひどくなる一方で、七月三十一日に、とうとう慶應病院へ入院した。


渡の酒量が増えた。

酒が弱く、『西武警察』で酒を飲むシーンで困るほどだった。ブランデーやウィスキーの水割りであれば、コーラに水を入れて色を薄くするのでよかったが、ビールは当時、ノンアルコールものはなく、泡の関係があって代用がなかった。やむなく実際に飲んだところが、顔が真っ赤になって撮影中断。顔の色が引くまで二時間以上の待機になったことがあった。

それくらい酒に弱い渡が飲み始めた。

飲まずにはいられなかった。舌がんに、大動脈瘤、そして肝臓がん、繰り返す病魔との闘いに裕次郎が不憫でならなかった。

裕次郎には肝臓という言葉を使わず、「胆管が狭くなっている」と伝えてもらっている。入退院を繰り返しながら、胆管を広げる治療である「アンギオ」が継続されていた。苦痛を伴い、我慢強い裕次郎が、

「テツ、胆管を広げるのにこんなに苦しまなきゃなんないのかい？　まるで手術みたいじゃねぇか」

と、顔をしかめるほどだった。

それでも治療のあと、ベッドの上に横たわったまま、映画の企画を口にする。大動脈瘤の手術をやった裕次郎には、肝臓がんの手術に耐えるだけの体力はなく、もはや手遅れであることを渡は知っている。それでも裕次郎は、遠足を前にした子供のように目を輝かせて映画のことを話す。

〈撮らせてあげたい。しかし……〉

思いは千々《ちぢ》に乱れ、渡は飲まずにはいられなかったのである。

裕次郎ががんとわかった直後、『西部警察』のロケで、石原軍団がそろって札幌に出かけたときのことだ。老舗『海陽亭』の札幌店で宴会が開かれた。渡はレミー・マルタンを浴びるほど飲んだ。

この頃、裕次郎はほとんど酒を口にしなくなった。せいぜい水に近い水割りを一杯。

「コマサ、テツに何かあったのか？」

裕次郎が心配する。

「いえ、別に。酒の練習をするとか言っていましたけど」

「へぇ、酒にも〝四十の手習い〟があるなんて知らなかったな」

笑ったが、テツにも心配事の一つや二つはあるだろうと思った。放っておいたが、そのうち渡のあまりの泥酔ぶりを見かねたのだろう。

「おい、テツのとこから、レミーをとれ。おかわりといったら、番茶を出しておけ。どうせ、わかりゃしねえんだから」

とスタッフに命じてから、

「これをテツの頭へ貼っつけてやれ。野辺送りだってな」

裕次郎が紙ナプキンを三角に折って手渡し、スタッフは笑いながら言われたとおり渡の頭にペタリとくっつけた。裕次郎のこの〝余興〟に宴会場が沸く。誰も裕次郎のがんを知らない。手遅れであることも知らない。スチールカメラマンが、野辺送りされる渡の写真を撮る。横たわり、目を閉じた渡の瞼から涙がにじんでいることに気づいたのは、コマサ一人だった。

アンギオの苦しい治療に耐えながら、一時的に元気を取りもどすと、裕次郎は『西部警察PART-Ⅲ』最終回の残りのシーンの撮影に参加した。十月二十二日、『西部警察PART-Ⅲ』最終回――「さよなら西部警察　大門死す！男達よ永遠に……」がオンエアされた。

国際テロリストの本拠地である孤島の要塞を爆破し、壮絶な銃撃戦のすえ、人質にされた少女を救出した大門圭介部長刑事（渡哲也）が凶弾に倒れる。

「団長――　団長！」

舘ひろし、峰竜太、石原良純、御木裕、小林昭二、柴俊夫ら大門軍団の団員たちが駆け寄って泣き叫ぶ。渡は少女の無事を聞いて、安心したように目を閉じ、息を引き取る。

クライマックスは、木暮捜査課長（石原裕次郎）が、大門の棺を前に心情を吐露するシーンだった。

撮影はロケ地・福岡市博多区にある大濠ウェディングホールの一室で行われた。

本番前、裕次郎がコマサに言う。

「カメラは俺のほうに二台当てとけ。テストはなし。俺は一発勝負の芝居をする。カメラや照明が用意できたらキーマン（技師）だけおいて、後は外へ出しておけ」

そして、渡にも、

「テツ、今日は一発勝負で行く」

と告げた。

コマサも外に出されたが、裕次郎の思いの丈が十分にわかった。

渡は〝死体〟になって横たわっているだけなので、芝居は裕次郎一人がする。なぜ一発勝負にするのか意味がわからず、渡は戸惑ったが、裕次郎の口からどんなセリフが飛び出しても動揺しないように耳栓をして撮影に臨んだ。

「本番！」

監督の声がスタジオに響き、小暮課長がコツコツと靴の音を鳴らして霊安室に入ってくる。そっと白い布をとると、大門の顔をじっと見下ろし、独白が始まる。

「大さん、疲れたろう。だから眠っているんだろう、お前。え、違うか。頼む、一言でいい、何とか言ってくれ。言ってくれ。言ってくれ……」

あふれる涙をぬぐい、木暮は続ける。

「大さん、俺なあ、お前さんのこと、あんたのこと、弟みたいに好きだった。ありがとう、ありがとう」

木暮は、胸の上で合掌する大門の手に自分の手を重ね、とどめもなく涙を流す。

それは台本をまったく無視したセリフだった。耳栓をした渡にも小さく聞こえている。

〈俺に話しかけてくれている〉

渡はそう思った。俳優として脂が乗った時期に、拳銃やショットガンを持って走り回らせたことへの、裕次郎のお詫びであった。裕次郎はすべてをわかってくれていた。その裕次郎が遠からず、がんによって不帰の人になってしまうかもしれない。裕次郎にはまだ伝えていない。いや伝えるわけにはいかない。渡は身じろぎもせず、涙を懸命にこらえるのだった。

まさに二人だけの世界だった。


こうして『PART-Ⅲ』の最終回は終わり『西部警察』は五年の幕を下ろす。

テレビ映画の世界に参入して八年。石原プロが手がける以上、これまでにない作品を――という活動屋の矜持と、自主営業によるスポンサー獲得という斬新な経営手法、そしてセレモニーやイベントを通じたPRなど、テレビ界の新しい時代を切り拓いた。最終回は25・5パーセントという高視聴率で、『西部警察』の根強い人気をまざまざと見せつけたのだった。

最終回について裕次郎は手帳にメモを残している。

10月22日（MON）
9：00　KEIO　HOSP
CT　ECHO検査OK
さよなら西部　断トツ25・5％〝大門死す　男たちよ永遠に〟

自宅のテレビで最終回を観た裕次郎は、翌日、静養のため山中湖の別荘へ向かう。二週間滞在のあと、福井県芦原《あわら》温泉にある馴染みの「べにや旅館」へ足を伸ばし、役員会を招集してこれから構想を練る映画製作の準備を進めるよう指示を出した。

倉本聰が裕次郎と温めていたテーマ

昭和六十年の年が明け、二月に入ってすぐのことだった。脚本家の倉本聰は、コマサから電話をもらった。

――おい、倉っちゃん、身体を空けろ。

コマサが噛みつくように言った。

「アホ抜かせ。こっちだってスケジュールがある」

倉本が言い返す。倉本は昭和五十二年から北海道・富良野に移住。富良野を舞台にした家族ドラマ『北の国から』で話題を呼んだ。脚本家や俳優を養成するため、倉本は私財を投じて「富良野塾」を開設したばかりだった。

コマサは例によってケンカ腰で迫る。

――そんなスケジュール全部キャンセルしろ。なんなら俺が断ってやる。いよいよ裕次郎が映画を作るんじゃ。何が何でも身体を空けろ。

「裕ちゃんがそう言うのか?」

倉本が驚いて問い直す。

――いや、裕次郎は丁重にお願いしろと言っている。しかし、あんたに丁重に頼んだって何の得にもならんからな。わかりました、あとはわしが首に縄つけても倉本っちゃんを連れてきますと、さっき社長に約束した。わしはいったん約束したことは、最後まで絶対守り通す男だ。だから身体をすぐに空けろ。

「めちゃくちゃ言うな。いい加減にしろ!」

――めちゃくちゃは承知じゃ! ガタガタ言うな!

「この野郎、人を脅迫する気か!」

――おお、脅迫でもなんでもするぞ！　石原裕次郎のわしは番頭じゃ。番頭というものは親分の言いつけは何が何でも守り通すんじゃ！

怒鳴り合いはいつものことで、気の置けない仲だった。

倉本が裕次郎と知り合ったのは古く、昭和三十八年七月三日から日本テレビで始まったトーク番組『今晩は、裕次郎です』の構成台本は倉本が手がけたものだった。その後、渡哲也が主演したテレビ朝日の連続ドラマ『浮浪雲』を書き、さらに石原プロがテレビに進出した『大都会』ＰＡＲＴＩのメインライターを務めた。裕次郎は倉本の才能と力量を買っていた。「いずれ石原プロとして大きな映画を作る。俺の悲願なんだ。そのときは協力してくれ」――と、倉本によく語っていた。同い年で、倉本が裕次郎より三日遅く生まれている。二人はそんな関係だった。

――倉本っちゃん、石原が伝えろと言うから話すぞ。「派手なドンパチはもうたくさんだ。そんな仕掛けは何もいらない。そんなことより自分は今回、役者の仕事がしたいんだ。役者としての脚本《ホン》を書いてくれ」――。伝えたぞ。だけど誤解したらいかんぞ、倉本っちゃん！　これはあくまで石原の注文だ。わしの意見は少し違うぞ！　わしは石原の番頭として、当たらない映画なんか絶対に作れない！

コマサは、ドンパチ派手にブッ放すアクション映画を作りたがっている。だが、そんなことは口が裂けても言えない。コマサは自分の意を遠回しに伝えたが、実は倉本にはかねて裕次郎と温めていたテーマがあった。斜陽となった大手映画会社の倒産に殉じようとする主人公の生き方を重厚なストーリーで描くものだ。

「それでいく」

――わかった。そんな縁起でもない話、わしは絶対にやりとうないんじゃが、石原はそれに乗っている。とにかくそれをシノプシスに書いてくれ。

そして、電話から二日後の夕刻、猛吹雪をついてコマサが富良野にやってきた。富良野塾まで市街地から二十キロ。嫌がるタクシーの運転手のケツを叩き、脅すようにして走らせた。倉本はシノプシスを渡した。ペラ九十枚を一日半で一気に仕上げものだった。

「ありがとう、恩に着る。すぐに石原に見せる」

と言い置いて、コマサは待たせていたタクシーに乗り込んだ。

それから二日後、コマサから電話が来る。

――石原がもうひとつ乗れんらしい。

コマサが申し訳なさそうに告げた。

裕次郎はどんな映画にするべきか、迷いに迷っていた。

「テツ、二作、三作目の構想はできあがっているんだ。これはモノクロで、演出プランまで考えてある。だけど一作目――これが決まらない」

胸のうちを渡にもらす。撮りたい映画と、期待に応える映画は同じではない。まして、興行として当てる映画は別ものだ。裕次郎はこの狭間で苦吟していた。億単位の資金を投じる。自己満足に終わる映画であってはならない。

〈石原プロらしい映画とはいったい何なのか……〉

自問し、煩悶する。残された時間が少ないことを、むろん裕次郎は知らなかったが、心急くものがあったのだろう。休養先のハワイからコマサに電話をすると、

「倉本っちゃんに連絡をとって、こっちへ来てもらってくれないか?」

と告げた。


三月四日、倉本はホノルル空港に降り立つ。

倉本は多忙を極めていたが、コマサは拉致するようにして飛行に乗せた。これは毎度のことだが、コマサは入国審査で必ず引っかかる。風体からヤクザに間違われてしまうのだ。

「冗談じゃねぇよ」

と、コマサはしきりにボヤくが、倉本はそっぽを向いていた。倉本は裕次郎ががんであることはもちろん知らされていない。なんでそうまで急ぐのか――コマサのせっかちぶりに、いさ

さかお冠だったのだろう。

用意されたホテルにチェックインすると、すぐに裕次郎がやってきた。

「忙しいときに悪かったな」

短パン姿で、真っ黒に日焼けした顔に白い歯を見せてから、

「狭くないか?」

スイートルームを見回して、裕次郎が気づかった。

滞在予定は三日。それ以上は倉本は時間がとれないことは、あらかじめコマサから裕次郎に伝えてもらっていた。打ち合わせは裕次郎の別荘で行われ、毎晩三時、四時まで話し込んだ。

「八時か九時には切り上げて欲しい」とコマサからクギを刺されていたが、裕次郎は熱に浮かされたように話し続け、倉本を帰さないのだった。

「役者としての仕事がしたい。しみじみとしたいい作品に、役者としてじっくり取り組みたいんだ。俺はこの身体だ。無理はできない。俺にはハワイのこの気候が合っている。こっちで撮りたい。一年くらいたっぷり時間をかけて、ハワイを舞台にした作品を作りたい」

繰り返し、裕次郎は言った。

一年くらいかけて――という言葉に、コマサもまき子夫人も、そしてキャメラマンとしての仕事を離れ、裕次郎に付き添っている常務の金宇満司もハッとした表情を見せたが、一瞬のこ

とで、裕次郎も倉本も気づくことはなかった。

「倉本っちゃん、下のバーに行かないか？」

と、裕次郎が階下に設えてあるホームバーに案内すると、

「俺は酒にうるさいんだ。何でも注文しろ。バーテンをやってやる」

そう言って裕次郎は笑顔でシェーカーを振るのだった。

映画の話をしたい一心で倉本を引き止めていることが、コマサにはよくわかっていた。

「ヘンリー・フォンダの『黄昏』――あれはいいね」

「若いライター連中に、アクションを書けと言うと、すぐ殴り合いのシーンを書いてくる。そういうんじゃなくて、心情的なアクションというのかな。年輪だとか、貫禄だとか、そういう人間が持って生まれた〝人生の垢〟みたいなものが出てきたアクションというのはあると思うんだ」

裕次郎は一人でしゃべり続けるのだった。

過ぎゆく時に

この年の正月のハワイには神田正輝が松田聖子を連れて、カハラ地区にある裕次郎夫妻の別

荘にやって来た。

結婚の話を切り出したのは聖子だった。

「実は神田さんと今度、結婚をしたいと思ってます」

強い意志を持った口調だった。

「おーっ、いいじゃないか。おめでとう」

裕次郎もまき子夫人も喜んで祝福する。さかんにテレている正輝を見る裕次郎の眼差しは温かかった。

神田正輝は、裕次郎が強引にスカウトした男だった。『大都会』をやるに際して、裕次郎は運動能力の高い若者を探していた。オーデションもやったが、これといった若者はいなかった。そんなとき、たまたま知人から「スキーのプロのテスターをやっている二枚目がいる」という話を小耳にはさむ。それが神田正輝だった。

「会ってみると、ムスっとしてさ」

と、裕次郎は上機嫌で正輝との出会いを聖子に語ってきかせる。

「このムスッとした顔を見て、〝あっ、これはおもしれぇや〟と思ったんだ。で、〝お前、役者やれ〟って、強引に引っ張ってさ。『大都会』で新聞記者の卵の役をやらせたんだけど……」

「これがひどいもんでね」

と渡が引きとって、

「セリフが言えないんですよ。新人の場合、セリフがうまく言えないところがフレッシュでいいんだけど、正輝は、しゃべれないんだから。舌足らずで、アフレコを何度も録り直した。社長を見ると、〝あっ、痛《いて》っ〟なんて言っている。だから、社長に言ったんですよ。〝あれはあきまへんな〟って」

聖子がお腹をよじるようにして笑い転げ、正輝は笑っている。

「だけど」

と裕次郎がフォローしてやる。

「そんな正輝が、『太陽にほえろ！』では看板スターになるんだから、俺の目はたいしたもんだろう。聖子ちゃん、正輝をよろしく頼むよ」

頭を下げる姿を見て、二十年前、日活に入った新人の渡に、食事をしていた裕次郎がわざわざ立ち上がって挨拶してくれた姿が重なる。分け隔てなく人に接する、裕次郎の包容力と器の大きさだった。

八月にはホノルルのカイモク地区にある高級別荘地への引っ越しで訪れた。ハワイでゆっくり静養させてあげたい、と言うまき子夫人、渡哲也、コマサの考えで購入したものだ。

裕次郎が自ら名付けた別荘は「ハレ・カイラニ」といい、ハワイ語で「天国の家」という。この高級別荘地はワイキキの中心街から車で十分、ダイヤモンドヘッドの裏手に当たり、映画スターや大富豪などの別荘が立ち並ぶ。敷地四百五十坪に、建坪が二百坪。オリエンタル調の建物で、庭にはバナナやマングローブ、ハイビスカスやブーゲンビリアなど熱帯植物が生い茂り、庭を抜けると、そこは白波が打ち寄せるプライベートビーチになっている。

裕次郎の別荘の門を出て横には、ハワイオープンで有名なワイアラエ・カントリー・クラブが見える。

ここで休養を取り、請《こ》われるまま帰国してテレビの歌番組にも出演する。はた目には健康に見える。だが、がんに侵されていることを知る人たちの目には、裕次郎はそうと知らないまま、薄氷の上でステップを踏んでいるかのように見えるのだった。病魔は、深く静かに進行しつつあった。発熱と倦怠感が酷くなっていっている。眠れない夜も続いていった。この頃から裕次郎は、「自分はがんではないか」と疑いはじめた。

日本とハワイを行き来していた裕次郎は、体調を考え、次第にハワイに長期滞在するようになっていく。渡は裕次郎の気が紛れればと、時間を見つけてはハワイに飛んで相手をした。裕次郎に笑って欲しくて、舘ひろしを連れて行ったときは、

「ひろし、お前、社長のコンテッサ号を知ってるよな」

少量の酒で顔を真っ赤にしながら言う。

「知ってますよ。俺、乗ってますから」

「よし。じゃ、コンテッサ号を作るぞ。そこにひっくり返れ」

「自分がっスか？」

「そうだ、早く！」

命令されて、舘が床の上に仰向けになる。

「片足上げろ」

舘が片足を真っ直ぐ上げると、

「これがマスト。——波が来て揺れるぞ」

舘が〝マスト〟を立てたまま、右に左にヨットを揺らす。裕次郎が笑いこける姿を見て、

〈これだけ笑ってくれれば、今夜はぐっすり眠ってくれるだろう〉

渡は安堵するのだった。


明日は渡がホノルルを発つという日の午後、裕次郎と並んで椅子に腰掛け、海を眺めていた。

日本の季節は真冬で、ハワイもさすがに朝夕は涼しくなるが、日中は海を渡る風が心地よかっ

た。

「神戸、小樽、そして逗子……」

沖を行くヨットを眺めながら、裕次郎が口を開く。

「俺たち家族が暮らした街だ。テツなぁ、どこも皆、家から海が見えたけど、なかでも小樽の家からの眺めは素晴らしかった。小樽港へ真っ直ぐ続く長い坂の山の手にあって、二階の部屋から港が見渡せるんだ。三歳から九歳まで、俺は小樽の海を見ながら暮らした。

小樽の家には生け垣があって、すぐ裏にはきれいな小川が流れていた。小川は冬場はもちろん雪をかぶってしまうんだけど、それ以外の季節は、俺たち幼い子たちの絶好の遊び場になっていたんだ。

あれは、いつの季節だったのかな。戦争が始まる前だから、小学校にあがる前後だったと思うけど、隣の家で可愛い子犬が五匹くらい生まれたんだ。まだ、やっと目があいたくらいでね。抱き上げるとクンクン鼻を鳴らして、これがとっても可愛いんだ。僕は子犬を遊ばせてやろうと、抱いたまま裏の小川に抱いて連れて行った。子犬も水遊びを喜ぶと子供心に思ったんだね。

子犬を小川に浮かべて手を放したら、泳いだよ。〝犬掻き〟で一所懸命に泳ぐんだけど、せせらぎといっても、幼い俺や子犬にとっては、流れが速すぎたんだね。

〈あっ！〉

と思ったとき、子犬がもう流されちゃって、どんどん遠ざかる。必死で追いかけたけど、子供の足じゃ、追いつかないさ。子犬の姿が、だんだんと小さくなっていってね。やがて見えなくなってしまった。

このとき俺は、どんな顔をしていたのだろう。泣いたという記憶はないんだけど、可愛い子犬を自分の不注意で死なせてしまったという、良心の呵責とでもいうのかな。そんなものに胸を締めつけられたことを覚えている。いまでもそうだけど、北海道にロケに行って、小樽まで足を伸ばすと、俺はこの小川に花を手向《たむ》ける。数え切れないほど楽しい思い出が詰まった小樽時代の〝心の疵《きず》〟なんだ」

裕次郎が何を言おうとしているのか、渡にはわからなかった。

渡は黙って言葉を待つ。

「俺が住んでいた緑町一丁目から坂を上に歩いていくと、小樽高商があるんだけど、その途中に大きなアカシアの木があってね。そこからは小樽港が一望できた。眼下に雄大な景色がパノラマのように広がってさ。絶好のロケーションの場所だった。

しかも朝陽が斜光線で射してくるから、写真好きだった親父はここがお気に入りでね。パノラマの風景の中に兄貴と僕を立たせて、よく早朝の写真を撮ったものだ。

おやじは、日曜日になると必ずゴルフに行くんだけど、出かける前に〝写真を撮るぞ〟って兄貴と俺を起こすんだ。こっちは眠いのにさ。逆らうわけにもいかないから、兄貴と俺は眠い目をこすりながら、おやじの後をついてアカシア木のところまでテクテクと坂道を上って行くというわけ。

でも、ここから見る日の出は素晴らしかったな。海の向こうから朝陽がゆっくりと上がってきてね。これが壮観なんだ。そして斜光線が射すと、兄貴と俺が逆光になって、それをおやじが背後から何枚も撮るんだ。その頃の写真が、いまも手元にたくさん残っているけど、アルバムをめくるたびに、おやじが切るシャッター音が聞こえてくるような気がする。テツ、俺と一緒にこの世に来た人のうち、どれだけの人がこの世を去っていったんだろうなぁ……」

〈ひょっとして、社長は死期を悟っているのではないか、自分はがんだと本当はわかっているのではないだろうか〉不意にそんな思いがよぎり、渡は鳥肌が立った。

夢、叶わず

病状は一進一退を繰り返していた。高熱を発して伏せるかと思えば、体調がいいときはハワイでヨットにも乗った。帰国してレコーディングもする。お気に入りの福井県芦原温泉「べにや旅館」に投宿し、パターゴルフや麻雀を楽しんだ。だが病魔の進行は、ゆるい螺旋《らせん》を描くようにして進行していく。

昭和六十一年十一月二十四日、裕次郎夫妻は休養のためハワイへ向かう。十二月二日、二十六回目の結婚記念日をハワイで迎え、渡は妻の俊子を伴って駆けつけ、石原プロ社員一同から祝詞の寄せ書きがファックスで届く。

「四年後は結婚三十年で、真珠婚式ですね」

渡の妻俊子の笑みに、まき子が笑顔を返し、

「裕さんには頑張って健康でいてもらわなくちゃね」

と、おどけて言うと、

「タフガイってのは、俺の代名詞だぜ」

裕次郎が笑って切り返す。

渡は俊子にも裕次郎の病状については、いっさい話していなかった。俊子の屈託のない会話に救われる思いがする一方、屈託のない無邪気さに悲しみも覚えるのだった。

俊子が帰国したあとも、渡は別荘に残った。裕次郎に、鼻血と高熱の日々が続いていた。石原プロの金宇常務が付き添っていたが、渡は仕事をキャンセルしてとどまった。二月に入って黄疸が出始める。容態は予断を許さない状態になっていた。このままでは体力的に飛行機に耐えられなくなってしまう。一刻も早く帰国し、入院させる必要がある。

――テツ、すぐ連れて帰ってくれ。

東京から石原プロに陣取るコマサが噛みつくように電話で言った。

「無理だよコマサ。言うことをきいてくれない」

――なんでだ？

「どうも社長は……」

――ハッキリ言ってみろよ。

「言葉の端々から感じるんだが、日本に帰ったら二度とハワイには来れないんじゃないかと、社長は思っているようだ」

――勘のいい人だから、何か感じるところがあるんだろうな。よし、わかった。俺が大宮会長をお連れしよう。大宮会長に説得してもらう。

宝酒造の大宮隆会長は、裕次郎が同社のＣＭに出演して以来の交誼《こうぎ》であり、石原プロが負債を抱えて存亡の危機にあったとき、陰に日向に力になってくれた恩人である。裕次郎にとって大宮会長は父親のような存在だった。

大宮会長とコマサはすぐさまホノルルに飛んだ。

「裕次郎さん、僕と一緒に帰りましょう」

大宮会長の言葉に、裕次郎は素直にうなずくと、

「じゃ、帰ります」

と一言、答えたのだった。


四月十五日、ホノルル空港を飛び立った裕次郎、このあと二度と「天国の家（ハレ・カイラニ）」の別荘にもどることはなかった。

そして帰国から四カ月後の昭和六十二年七月十七日午後四時二十六分、裕次郎は慶應病院で眠るかのように息を引き取った。

自分を産んでくれた母と、この大地に感謝し、自分をみのらせてくれた人生という樹に感謝しながら、安らかにその旅路を終えた――。


死亡確認のため、医師が裕次郎の胸に聴診器をあて、

「ご臨終です」

と告げ、遺体に一礼すると、

「うそだ！」

まき子夫人が激しく何度も泣き叫び、

「起きなさい――　裕さん、起きなさい！」

と揺り起こすように裕次郎にすがりつき、絶叫して泣き崩れる。渡は、まき子夫人の震える肩にそっと手を置いてから、病院の臨床講堂に足早に向かった。記者たちが詰めかけ、各局のテレビカメラがスタンバイしている。

渡が険しい表情で裕次郎の死を公表する。

「石原は五月より入院しておりましたが、本日午後四時二十六分、我々の見守るうちに他界しました。石原はここ三年、肝臓がんと闘っておりました。我々の祈りも、石原自身の病に対する不屈の闘志も報われることなく亡くなりました。まき子夫人の〝裕さん、頑張るんですよ〟の声に二度ばかりうなずき、まるで眠るように息を引き取りました。六月上旬ぐらいからは石原も死が近いのを覚悟していたようです。〝たぶん、今回で病院からは出られないだろう。どうしても映画をやりたかったが……俺がダメになったら、お前が作ってくれ〟とおっしゃられ……。自分に激しく、体にムチ打つ辛い日々でしただけに、これだけやっても助からないものは助からないのか、と天を恨んだこともあり、なんとも言葉がありません……」

不世出のスーパースターは、享年五十二歳の若さで逝った。

渡たちと悲願の、映画を撮る夢はついに叶うことはなかった。

エピローグ――それから

四季がめぐり、歳月は足早に過ぎていく。

辛かったこと、苦しかったこと、そして葛藤も何もかもが歳月のなかで濾過《ろか》され、感動だけがキラキラと輝く結晶となって心に残る。

石原裕次郎の二十三回忌を終えた二年後の平成二十三年五月十一日、社長の渡哲也と専務の小林正彦はそろって石原プロモーションの役員を退任し、後進に道を譲った。役員会において渡が自ら退任を申し出て、小林もそれに従った。

石原裕次郎が亡くなって二十二年経った平成二十一年春。専務の小林正彦は、なぜ裕次郎の映画の夢を、遺志として継ぎ、叶えることができなかったのか、初めてその胸中を明かした。

そこには、いまも過去を引きずり、「これで良かったのか」と自問しながら永く葛藤を続けている小林正彦がいた。

小林正彦は、心を許した人に話した。

「俺たちにいま一番言われていることは、『裕次郎さんの遺志は、映画を作ることじゃなかったの』ってことですよ。『お前らテレビばっかり作って、なんで映画作らないの?』という意見が多い。別に映画をやりたくないわけじゃない。本当は作らなきゃならないのはわかってるし、俺らだって作りたい。しかしね、ここまでやってきて、この年代になって、恐くなってきたわけだ、失敗が。お金の問題じゃない。お金はなんとでもなると思うんだけど、なるほどあいつらが作ったら違うなというものになるのか、裕次郎さんの名に恥ずかしくない映画ができるのかってことで、じゃあ、どんな映画を作ればいいのかって考えているうちに、二十二年経っちゃった。そしたらだんだん恐くなってきた。

裕次郎ファンというのは、五百万人から一千万人は間違いなくいることはいる。その人たちが見てくれれば、百五十億ぐらいは軽く上がる。だけどそのためには、それにふさわしい映画じゃないといけない。それに応えられるものができない。どうしても中途半端なものになる。よし覚悟してやってみようという勇気が持てないんだ。それよりも俺は番頭として、失敗したときのほうが恐い。この年で失敗したら、もう次は作れないからね。しかも裕次郎さんに捧げますなんて言って失敗したら、とんでもないことになる。だから、だらしないといえば、だらしないんですよ」

小林正彦の葛藤は続く――。

退任後、カリスマプロデューサーとして名を馳せた小林に、テレビや映画など各方面から仕事のオファーが殺到したが、彼はそのすべてを断った。

「俺は、石原裕次郎にすべてを捧げてやってきた。半生を捧げ切った。悔いはない。だから裕次郎以外の仕事は一切しない」

意志を貫き、退社から五年後の平成二十八年十月三十日、患《わずら》っていた糖尿病が原因で八十歳でこの世を去る。

石原裕次郎のあとを継いで社長となった渡哲也は、平成三年の直腸がんの手術を乗り越え責任を果たしていく。退任後は重責から解放され、念願の俳優業に戻るが、心筋梗塞など病魔と闘い、いまも闘っている。

石原まき子は、石原裕次郎に仕え、その人生を支え続けた二人について、感謝の気持ちでいっぱいだ。

「小林さんは一見がさつで戦闘的な人なのですけど、ほんとうはものすごくやさしくて照れ屋……。がさつなふりをしているだけなのです。少しおっちょこちょいのところがありますが、裕さんはそこに男として惚れたのです。そして、小林さんも、心から裕さんに惚れていました。裕さんの最後の最後まで、完璧に看取《みと》ってくださった小林さんに、深く深く感謝いたします。

小林さんと、同じように裕さんを支えてくださった渡哲也さん――。

裕さんから私も紹介されましたが、裕さんから聞いていた印象とまったく同じなのです。生まれたての赤ん坊みたいに、みずみずしいまっ青な目をして、すがすがしい若者でした。なんていい青年なんだろう……。裕さんが一目惚れしたわけがわかりました。

私が見たふたりの印象は、兄弟です。生まじめな弟に年じゅう迷惑をかけてばかりいる〝兄貴〟が裕さんで、渡さんはやさしい〝弟〟でした。病気ばっかりしてこの兄貴はしょうがないな、と思いつつ、それでも必死に尽くす弟……といった感じでした。

こうなってくると、ほんとうに、身内、兄弟以上の結びつきだったのかもしれません」

昭和三十一年、慶應大学の学生だった裕次郎が、端役で『太陽の季節』に出演したときのことだ。撮影中のスタジオで、日活きっての名キャメラマンといわれた伊佐山三郎が、プロデューサーの水の江滝子を呼び止めて言った。

「このルーペをのぞいてごらん。あそこに阪妻がいるよ」

阪妻とは阪東妻三郎のことで、かつて日本を代表する二枚目俳優だったが、三年前に亡くなっている。意味がわからず、いぶかる水の江に、伊佐山が言った。

「阪妻という役者は立っているだけでスターだったよ。ジョン・ウェインが馬に乗って出てきさえすれば映画になったのと同じことだね。ほら、その阪妻があそこにいるじゃないか。立っているだけで光る、阪妻と同じような子が……」

伊佐山が示す方には、アロハシャツの青年がヨットの具合を調べていた。

それが裕次郎だった。

渡哲也も、小林正彦も、この話が好きだった。

石原裕次郎は、そこに在《あ》るだけで光り輝く。『天国の家（ハレ・カイラニ）』にある裕次郎の別荘のテラスに佇み、洋上の太陽を仰ぎ見ながら、渡とコマサはそんな思い出話を短く語り合った。裕次郎が最後にハワイを発つ昭和六十二年四月十五日より少し前のことだった。

裕次郎は亡くなる一カ月前、混濁《こんだく》する意識のなかで何度も「家に帰りたい」とコマサに頼んだ。

コマサと渡は、すでに主治医の井上教授から、もう長くない命、ということを聞かされている。

〈社長が帰りたいと言っている。帰れるようにするのも俺の役目だ〉

コマサは本気で一時帰宅の段取りを考えた。少し体調のいい時、裕次郎は海の話もしていた。

「何がしたいと言われたらヨットに乗ることだよ」

〈家に一度連れて帰ること、そしてヨットに乗せて一度海に出てあげること。長くない命なら、せめてそれだけは叶えてあげたい〉

コマサは本気で、裕次郎に応える計画を立てた。裕次郎に伝えると、嬉しそうに小さくうなずいた。しかし、ほどなくして容態が悪化、結局は叶わぬ夢となった――。

渡は、いまも思う。

自分は石原裕次郎の生涯をはるかに超えて生きている。いろんなことがあったが、ただ一つ変わらぬことがある。それは裕次郎への不変の想いだ。

どのようにしたら、あのように人を信じ
受け入れることができるんだろう
またどのようにしたなら
あの人のように、人の情感を揺り動かすことができるんだろう
またどのようにしたら あのように嘘なく自然体のままで
生きていけるんだろう

また一緒にいるだけで何故、己が生きているという
実感を味わうことができるんだろう

渡は、それをいまも問い続けながら生きている。
記憶の底でキラキラと光る結晶は、きっと裕次郎なのだろう。

〈参考文献〉

『裕さん、抱きしめたい』石原まき子（主婦と生活社）
『死をみるとき』石原裕次郎・石原まき子（青志社）
『口伝　我が人生の辞』石原裕次郎（主婦と生活社）
『渡哲也　俺』柏木純一（毎日新聞社）
『社長、命。』金宇満司（イースト・プレス）
『石原裕次郎 そしてその仲間』（石原プロモーション・非売品）
『石原裕次郎 男たちの熱き心と石原軍団の伝説』大下英治（勁文社）
『NTV火曜9時』山本俊輔・佐藤洋笑（DU BOOKS）
『夏に死す――追想・石原裕次郎』倉本聰（月刊文藝春秋）1987年9月号
『石原裕次郎　日本人が最も愛した男』（石原プロモーション）
『道化師の楽屋』なかにし礼（新潮社）
『石原プロモーション50年史』（石原プロモーション）

以上のほか、新聞、週刊誌も参考にさせていただきました。ありがとうございます。

また、本作品を上梓するにあたって、たくさんの関係者の方々に取材をさせていただきました。

ありがとうございました。重ねてお礼を申し上げます。

向谷匡史 むかいだに ただし

1950年、広島県呉市出身。
拓殖大学を卒業後、週刊誌記者などを経て作家に。
浄土真宗本願寺派僧侶。日本空手道「昇空館」館長。保護司。
主な著作に『田中角栄「情」の会話術』（双葉社）、
『田中角栄 絶対に結果を出す「超」時間管理術』（三栄書房）、
『花と銃弾 安藤組幹部西原健吾がいた』（青志社）、
『ヤクザ式最後に勝つ「危機回避術」』（光文社）、
『安藤昇 90歳の遺言』（徳間書店）、
『小泉進次郎「先手を取る」極意』（青志社）など多数ある。

［向谷匡史ホームページ］ http://www.mukaidani.jp

編集協力　岩佐陽一

カバー写真　石原プロモーション
昭和62年（1987）1月11日、
ハワイにて石原裕次郎と渡哲也

太陽と呼ばれた男
――石原裕次郎と男たちの帆走

発行日　2017年3月17日　第1刷発行
　　　　2020年9月10日　第2刷発行

著　者　向谷匡史
編集人
発行人　阿蘇品蔵
発行所　株式会社青志社
〒107-0052 東京都港区赤坂5-5-9 赤坂スバルビル6F
（編集・営業）Tel：03-5574-8511　Fax：03-5574-8512
http://www.seishisha.co.jp/

印　刷
製　本　中央精版印刷株式会社

ISBN 978-4-86590-041-5 C0095